Le laboureur
et les mangeurs de vent

BORIS CYRULNIK

Le laboureur et les mangeurs de vent

Liberté intérieure et confortable servitude

Odile Jacob

15, rue Soufflot, 75005 Paris

www.odilejacob.fr

ISBN : 978-2-4150-0136-0

Préparer les enfants à la guerre

Dès qu'ils ont été vaincus, les terribles surhommes se sont transformés en compagnons agréables. J'avais 7 ans quand j'ai assisté à cette métamorphose. En 1941, l'armée allemande était entrée en vainqueure à Bordeaux. Magnifique ! Défilé impeccable, l'alignement des casques et des armes donnait une impression de puissance irrésistible. La beauté des chevaux harnachés de plumes rouges, la musique guerrière, les tambours hypnotisants dégageaient une impression de force formidable. Autour de moi, on pleurait.

Après quatre années d'occupation, d'arrestations dans la rue, de rafles au petit matin, d'interdits et de patrouilles, les Allemands se sont réfugiés dans Castillon-la-Bataille. Ils ont pris possession de la ville, placé des sentinelles sur les points d'observation et dressé des barrages aux entrées de la ville.

Les résistants, FTP communistes et FFI gaullistes associés pour une fois, ont encerclé le bataillon allemand. En 1944, l'officier savait que le nazisme avait perdu la guerre et que tout combat ne pouvait que provoquer des morts inutiles. Il a déposé les armes pour protéger ses hommes. Les mots que j'ai entendus signifiaient « capitulation », dans le langage de tous les jours : « *Ach*... plein le cul la guerre ! » Et le capitaine a signé. Alors les redoutables surhommes sont devenus de gentils paysans. Quand ils se sont rendus, j'ai vu des milliers de soldats débraillés marcher tête basse, à la queue leu leu, surveillés par une dizaine de gamins mal armés qui les ont entassés sur la place du village. Les surhommes sales, mal rasés, déboutonnés regardaient le sol et s'asseyaient par terre, sans un mot, inertes.

Quand l'armistice a été signé, les fiers soldats devenus « prisonniers de guerre » se sont mis torse nu pour travailler avec les paysans qui les hébergeaient. Ils entretenaient les vignes, soignaient les animaux et blaguaient avec les passants. Ils faisaient signe aux enfants, leur disaient des mots français ou allemand, je ne sais plus, mais je voyais que ces hommes n'étaient plus redoutables puisqu'ils parlaient en souriant et allaient cueillir des fruits que nous ne pouvions pas atteindre.

Une simple phrase, « la guerre est finie », quelques mots sur un papier avec une signature avaient suffi à transformer les mentalités. On ne craignait plus les Allemands. Les résistants les protégeaient des insultes et des crachats, en demandant aux agresseurs français de manifester un peu de dignité. Dans mon esprit d'enfant, j'ai pensé qu'il était possible de haïr, de s'entre-tuer légalement et soudain de changer de mentalité. Il suffisait d'un mot pour voir le monde autrement. C'est dans l'enfance qu'on pose les problèmes fondamentaux avec lesquels on fait sa vie. C'est avec l'âge qu'on découvre que deux ou trois mots suffisent pour thématiser une existence.

Ce n'était pas une bonne époque pour arriver au monde. Sebastian est né à Berlin en 1907 et moi à Bordeaux en 1937. Nous avons eu la même enfance. Nos pays préparaient la guerre et le langage qui nous entourait nous enfermait dans un camp. « Nous ne pouvions échanger un mot avec nos contemporains, nous parlions une autre langue. Nous entendions de nouvelles expressions : “Engagement fanatique, frères de race, retour à la terre, dégénérés, sous-hommes[1].” »

Quand j'ai débarqué dans le monde des récits, vers l'âge de 5 ans, ma mère m'a dit : « Il ne faut pas parler aux Allemands, ils pourraient nous mettre en prison. » Quand les paroles sont des armes, on se tait pour se protéger. La nuit du 10 janvier 1944, j'avais 6 ans quand j'ai été arrêté. J'ai soudain appris, dans les paroles de l'officier de la Gestapo, que j'appartenais à

1. Haffner S., *Histoire d'un Allemand. Souvenirs (1914-1933)*, Arles, Actes Sud, 2002, p. 127.

un groupe de sous-hommes dangereux qu'il fallait tuer au nom de la morale.

À la fin de la Première Guerre mondiale, mon copain Sebastian, âgé de 11 ans, a assisté à la naissance de « la génération nazie, ces enfants qui avaient vu la guerre comme un grand jeu, sans être le moins du monde perturbés par sa réalité[1] ». Ils avaient été émerveillés par des récits d'héroïsme, de batailles d'enfer, de sacrifices rédempteurs et d'assassinats extatiques. Quelle grandeur d'âme, quelle beauté ! Les autres, ceux qui avaient éprouvé la réalité de la guerre, les jours sordides, la souffrance muette, l'humiliation des affamés, la douleur des endeuillés, la déchirure des âmes blessées, préféraient se taire pour ne pas faire saigner la mémoire.

Sebastian et moi avons été les témoins étonnés de deux discours enthousiasmants : la vigueur du nazisme dans les années 1930, la générosité du communisme après 1945. Dans notre expérience d'enfants initiés par la guerre et le côtoiement de la mort, nous avions déjà compris que deux langages gouvernaient le monde mental des hommes. L'un qui montait vers le ciel en fabriquant des images esthétiques ou hideuses, entourées de mots qui donnaient la fièvre : « Héroïsme… victoire du peuple… pureté… mille ans de bonheur… lendemains qui

1. *Ibid.*, p. 36.

chantent. » Ces mots brûlants nous éloignaient du réel[1]. Sebastian (11 ans en 1918) et moi (8 ans en 1945) préférions les mots qui donnent un plaisir discret, celui des explorateurs qui, en découvrant le monde, dégustent le réel. L'emphase qui mène à l'utopie s'oppose au plaisir des laboureurs qui découvrent la richesse du banal. Les amoureux du grandiose ne s'embarrassent pas de questions qui dérangent, ils préfèrent la cohérence extatique qui coupe du réel et maintient une « logique de la déraison[2] », un délire méthodique tellement lumineux qu'il aveugle la pensée en empêchant le doute, en interdisant le questionnement qui aurait dilué le bonheur des délires logiques.

Les enfants sont les cibles inévitables de ces discours trop clairs parce qu'ils ont besoin de catégories binaires pour commencer à penser : tout ce qui n'est pas gentil est méchant, tout ce qui n'est pas grand est petit, tout ce qui n'est pas homme est femme. Grâce à cette clarté abusive ils acquièrent l'attachement sécurisant à maman, à papa, à la religion, aux copains d'école et au clocher du village. Cette base de départ permet d'acquérir une première vision du monde, une claire certitude qui donne confiance en soi et aide à prendre place dans sa famille et sa culture.

---

1. Woodstrom A., *War Child. Growing up in Adolf Hitler's Germany*, New York, McCleery & Sons, 2003, p. 37-42.
2. Arendt H., *Le Système totalitaire*, Paris, Seuil, « Points Essais », 2005.

Attention : il s'agit d'une base de départ. Quand ce soubassement se clôture, il arrête la recherche d'autres explications, il devient une pensée de clan, une certitude sans négociation : « C'est comme ça et pas autrement… il faut être fou pour ne pas penser comme moi. » Conviction abusive qui augmente la confiance en soi et arrête la pensée comme chez les fanatiques. À force de répétitions le changement n'est plus possible. La pensée clanique sécurise la personnalité, exalte l'âme et rend follement heureux ceux qui préparent la guerre contre ceux qui ne pensent pas comme eux. Les guerres de croyances sont inexorables.

Pour tenter l'aventure humaine il est nécessaire d'acquérir une confiance en soi. Ce besoin a été utilisé par tous les régimes totalitaires : « Je vais vous dire la vérité, la seule, dit le Sauveur. Suivez-moi, obéissez, ça vous apportera la gloire de donner du bonheur aux gens de votre clan. » Difficile de ne pas croire à une telle injonction. « Le malheur vient de ceux qui s'opposent à notre bonheur, ajoute le Sauveur. Ceux qui pensent autrement. Ceux qui croient en d'autres cieux veulent notre malheur puisqu'ils troublent nos certitudes. »

Quand les régimes dictatoriaux s'emparent des jeunes âmes, il n'est pas rare de voir les enfants s'opposer à leurs parents qui, avec leurs doutes, leurs mises en questions et leurs nuances abîment l'enthousiasme et brisent les rêves : « J'étais en colère contre papa et ne pouvais comprendre pourquoi il refusait de s'engager dans le parti nazi qui donnait tant d'avantages à toute la famille[1]. » La petite Annelée est charmée par les grandes filles des Jeunesses hitlériennes. « Je voudrais être plus vieille pour porter le même uniforme que mes cousines Erna et Lisl[2]. » Elles préparent des fêtes, récitent des poésies et moi, à cause de mes parents, je suis privée de ces joies.

Le monde mental d'un être humain ne cesse de s'élargir pendant toute sa vie, depuis la fécondation jusqu'à la tombe. Quand le cerveau commence à se former dans l'utérus dès les premières semaines, il ne traite que les informations proches. Les hormones qui viennent de l'intérieur du corps de l'embryon interagissent avec celles qui viennent du corps de sa mère pour spécialiser les organes. En fin de grossesse, le monde du fœtus s'élargit quand il perçoit les émotions maternelles médiatisées par les substances de son stress (cortisol, catécholamines) ou de son bien-être (endorphines, ocytocine). Après la naissance, les bébés perçoivent quelques segments du corps maternel (brillance des yeux, voix, manipulation) associés à une autre figure d'attachement, proche et différente, un deuxième parent appelé « père ». Quand l'enfant accède au monde des mots, lors de sa troisième année, son monde mental s'élargit encore plus. D'abord les mots

1. Woodstrom A., *War Child.*, *op. cit.*, p. 3.
2. *Ibid.*, p. 23.

désignent les objets du contexte (ballon, biberon…) qui progressivement s'éloignent dans l'espace (on va se promener). Vers l'âge de 5 à 6 ans, quand son cerveau permet la représentation du temps, l'enfant arrive à l'âge des récits. Il devient alors capable de faire des phrases qui représentent des choses, des événements ou des entités impossibles à percevoir : une bataille perdue il y a mille ans, une filiation merveilleuse ou honteuse. Les récits d'alentour participent à son identité (« je remonte à Saint Louis »), à sa fierté (« je suis breton »), à sa honte (« mon père a collaboré avec le nazisme ») ou à son délire logique (« j'appartiens à la race supérieure puisque je suis blond aux yeux bleus »). C'est à ce stade d'épanouissement que l'enfant adhère aux croyances de ceux qui le protègent et tutorisent ses développements. Il s'imprègne des valeurs de ceux auxquels il est attaché. Quand les récits parentaux concordent avec les récits collectifs, le jeune poursuit son épanouissement, mais quand une discordance se met en place entre les récits des enfants et ceux des parents, quand d'autres institutions font des exposés divergents à l'école, à l'église, dans un parti politique ou dans une secte, les désaccords dissocient les liens familiaux de ceux qui ne partagent plus les mêmes croyances. C'est ce qui est arrivé à la petite Annelée qui rêvait d'entrer dans les Jeunesses hitlériennes alors que ses parents s'y opposaient.

Vers l'âge de 7 à 10 ans une culture totalitaire peut apporter à l'enfant ce qu'il espère en lui offrant des gratifications merveilleuses : « Je porterai l'uniforme d'Erna et Lisl, nous danserons et nous mettrons au monde des enfants blonds qui donneront à notre peuple mille ans de bonheur. » Quand un tel discours culturel s'empare de l'âme des enfants, toute réflexion, tout jugement fait l'effet d'un briseur de charme. Quand ces jeunes sont possédés par un discours totalitaire, ils n'hésitent pas à aller au commissariat pour dénoncer leurs parents, comme l'ont fait les enfants des Jeunesses hitlériennes ou les jeunes djihadistes. Quand le monde mental des enfants est congruent avec celui de leurs parents, l'opposition au récit totalitaire les rend complices. Violetta était médecin à Timisoara quand elle a épousé un compagnon d'études. À l'époque de Ceauşescu (1918-1989) en Roumanie, seul le mariage civil était reconnu. Deux petites filles sont arrivées dans ce couple, mais Violetta, croyante orthodoxe, ne se sentait pas vraiment mariée devant Dieu. Alors, son mari lui a proposé de faire une randonnée dans les Carpates où ils trouveraient une chapelle et un prêtre. Les fillettes n'étaient pas croyantes mais elles ressentaient, comme une surveillance insupportable, le fait d'avoir à porter sur une manche de leur blouse un numéro qui les signalerait si quelqu'un les voyait entrer dans une église. N'importe qui pouvait téléphoner au commissariat et, sans un mot, énumérer les chiffres. Le lendemain les parents auraient subi des rétorsions administratives : gardes supplémentaires, contrôles incessants, impossibilité de voyager. Les petites filles ont gambadé pendant la cérémonie religieuse mais ont gardé le secret car, cette transgression partagée avait solidarisé la famille en l'opposant au régime de Ceauşescu.

Aimer un salaud

À la Libération en France en 1945, beaucoup d'enfants ont découvert que, pendant la guerre, leur père avait collaboré avec l'occupant nazi. Ce fut difficile pour eux de s'adapter à des récits discordants : « Dans mon récit familial, j'ai aimé mon père qui avait une forte présence, mais dans le récit collectif, j'ai découvert qu'il était proche de Doriot », ainsi pense la petite Marie[1]. À l'âge de 8 ans elle assiste, étonnée, à l'extase de sa mère, lors d'une réunion politique où Doriot, député communiste et maire de Saint-Denis, enflamme la foule et la persuade de fonder le PPF (Parti populaire français) qui va collaborer avec le nazisme et s'engager dans la LVF (Légion des volontaires français contre le bolchevisme) de la Waffen SS.

1. Chaix M., *Les Lauriers du lac de Constance. Chronique d'une collaboration*, Paris, Seuil, « Points », 2012.

Vous êtes-vous déjà demandé comment un enfant pouvait aimer un salaud ? Il suffit d'ignorer que c'est un salaud et de s'attacher à un papa qui est gentil à la maison et qui s'appelle Mengele, Himmler ou Staline. « Papa voulait que je travaille bien à l'école », dit la fille de Pol Pot, qui ne pouvait pas savoir que ce « doux papa » venait de fermer les universités et de déporter les professeurs qui y enseignaient. La petite Alessandra Mussolini a baigné dans des récits qui glorifiaient son grand-père, Benito le fasciste. Comment voulez-vous qu'elle n'en soit pas fière ? Kira Allilouïeva a vécu une enfance de conte de fées quand les responsables des purges, des crimes et des déportations jouaient avec elle avant de signer quelques condamnations à mort. Toute sa vie elle a aimé son oncle Staline, qui faisait partie de la famille. Elle se souvient des gens affamés qui mendiaient de la nourriture, elle fut surprise de l'arrestation de Génia sa mère, elle n'a pas compris pourquoi elle-même, jeune actrice insouciante, s'est retrouvée en prison. Elle n'a jamais établi de relation entre l'oncle Staline, si gentil avec elle, et les tragédies qu'elle avait pu voir dans la rue. Mao Xinyu petit-fils de Mao Zedong a écrit des livres à la gloire de son grand-père. Raghad, la fille aînée de Saddam Hussein, a déclaré : « Je suis fière que cet homme soit mon père. »

D'autres enfants ont détesté leur père avant même de savoir qu'il était criminel. La fille de Castro ne savait pas que Fidel était son père, puisqu'il n'était jamais à la maison et que sa mère ne prononçait même pas son nom. Ce n'est qu'à l'âge de 12 ans qu'on lui a appris que Fidel Castro était son père. Le petit Niklas Frank n'a pas eu besoin d'apprendre que son père avait brûlé au lance-flammes les survivants du Ghetto de Varsovie (avril 1943), il lui a suffi d'adhérer aux récits haineux de sa mère[1]. L'amour ou la haine de ces pères criminels ne dépendait pas du réel, mais s'enracinait dans la manière dont l'entourage en parlait.

Quand un enfant se développe, il subit d'abord la pression du corps de sa mère et de ses émotions. Vers la troisième année en accédant à la parole, puis vers la sixième année en accédant aux récits, l'enfant habite le monde des mots qu'il entend. C'est pourquoi il apprend facilement la langue maternelle et adhère à ses croyances. Nous sommes tous déterminés par ce que notre entourage nous raconte. Ce n'est qu'en poursuivant notre cheminement vers l'autonomie que nous accédons à un degré de liberté intérieure. Alors nous pouvons juger, évaluer, intérioriser ou rejeter les récits qu'on nous propose, certains ont tellement besoin d'appartenir à un groupe, comme ils ont appartenu à leur mère, qu'ils intériorisent tout récit en évitant de le juger. Toute critique atténuerait ce réconfortant besoin d'appartenir. D'autres, au contraire, ont acquis

1. Clarens K., Hofstein C. *et al.*, dossier « Mon père était un dictateur », *Le Figaro Magazine*, 17 juin 2006, p. 35-40.

une telle confiance en eux, grâce à la sécurité que leur a fournie leur mère, qu'ils osent tenter l'aventure de l'autonomie. Ceux qui veulent appartenir se plaisent à réciter les histoires de la doxa comme une certitude délicieuse, une ex-stase qui leur permet de se sentir confiants dans « une logique de la déraison » dont parlait Hannah Arendt[1]. Mais ceux qui préfèrent continuer l'exploration par eux-mêmes et non plus par ce qu'on leur a dit adoptent la stratégie du laboureur. Ils se cognent aux cailloux, reniflent l'odeur de la glaise et se donnent un plaisir de comprendre enraciné dans le réel. À l'opposé, le bonheur des extatiques ravit l'esprit et le transporte hors de soi, dans des raisonnements sans racines nommés « délires logiques ». Le bonheur des laboureurs élabore un savoir éprouvé sensoriellement, touché, palpé, écouté, comme le font les praticiens qui sont sur le terrain, alors que l'extase ravit l'âme et l'emporte vers l'utopie.

Ces modes de connaissance deviennent antagonistes. Les extatiques, soumis à des récitations désincarnées, sont avides de mourir pour une entité invisible désignée par des mots sacrés, alors que les laboureurs sont incapables de se soumettre à une représentation pure qui dirait la totale vérité. Ils savent que parfois le sol est sec mais qu'il peut aussi devenir boueux, ils se plaisent à nuancer les témoignages de la vie réelle, donc imparfaite.

1. Arendt H., *Le Système totalitaire*, *op. cit.*

Raconter l'impossible

Je me méfie des idées claires, je les trouve abusives. Je n'aime pas les idées sombres, on est confus dans le noir. D'où me vient cette manière de chercher à savoir ? Quand un enfant de 7 ans arrive à l'âge de la philosophie, les mots qu'il entend lui font voir un monde et les récits qui l'entourent éclairent certaines scènes du théâtre de sa vie quotidienne. Quand l'enfant dit ce qu'il pense, il donne une forme verbale à ce qu'il sent, bien plus qu'à ce qui est.

À 7 ans, j'ai été condamné à mort pour un crime que j'ignorais. Je savais que ce n'était pas une fantaisie d'enfant qui joue à imaginer le monde, c'était une bien réelle condamnation. Une nuit de janvier 1944, j'ai été réveillé par des hommes armés, entourés de soldats allemands en sentinelle dans le couloir. Sept ans, c'est l'âge où la pensée conçoit la mort quand l'enfant comprend qu'une représentation du temps aboutit à une fin, un non-retour inexorable.

Ma famille avait déjà disparu, mon père à la guerre, et ma mère en me plaçant dans une institution la veille de son arrestation. Disparue elle aussi. Effacés mes parents. Évaporée ma famille. Invisibles mes amis. Seul, dans une foule d'inconnus, incarcérés comme moi dans la synagogue de Bordeaux transformée en prison, cloisonnée de barbelés, encerclés par des soldats qui menaçaient de leurs fusils.

Comment comprendre ça, quand on a 7 ans ? Comment ne pas être hébété par un danger énorme, incompréhensible, insensé, qui donne la mort pour on ne sait quoi ? Soudain, on se sent mieux quand une phrase éclaire le monde : « Les Allemands sont des barbares qui ne pensent qu'à tuer. » Cette illusion de compréhension réveille un monde psychique sidéré par l'agression. Pourquoi toute une troupe pour me mettre en prison ? Pourquoi la route barrée par des soldats armés ? Pourquoi des barbelés ? Pourquoi nous tuer ? Quelle conduite à tenir avec des barbares ? Les tuer ? Je suis trop petit. Fuir est la solution.

Voilà. C'est clair, je me sens mieux, mais c'est faux. Pendant des années, j'ai fait de ce souvenir un objet de réflexion. J'aurais dû écrire : « J'en ai fait un objet de rumination. » Je revoyais sans cesse la scène de mon arrestation et le spectacle intime de mon évasion. Les images revenaient, toujours pareilles, elles s'imposaient en moi comme un scénario lancinant qui donnait forme à une question : « Pourquoi me tuer ? »

Impossible d'en parler. Les adultes me faisaient taire pour mieux se protéger : « C'est fini tout ça... reprends-toi... pense à autre chose... » Je ne pensais qu'à ça mais ne pouvais le dire. Il m'est même arrivé de provoquer des éclats de rire en racontant la scène de ma condamnation à mort quand un officier orientait vers une table ceux qui allaient travailler en Allemagne et vers une autre ceux qu'on allait tuer : « Mais où vas-tu chercher tout ça… tu racontes de belles histoires… »

Après la Libération, j'avais 8 ans, je me souviens d'avoir pensé : « Les adultes ne peuvent pas m'aider, il faut que je me débrouille tout seul pour comprendre ce qui a tué mes parents et fracassé mon enfance. Pour donner sens à l'insensé, je dois mettre de l'ordre dans ces images qui s'imposent dans mon âme. » Je n'ai pas pensé avec ces mots, bien sûr, mais aujourd'hui je m'en sers pour ordonner mes souvenirs. J'ai alors trouvé deux solutions : « Quand je serai grand, j'écrirai des romans où mon héros sera mon porte-parole. Il sera arrêté comme moi par la Gestapo mais parviendra à s'échapper. Il rencontrera des gens merveilleux qui le protégeront et l'aideront à devenir plus fort que la mort. Il écrasera l'armée allemande et expliquera au monde entier : “Je ne méritais pas d'être tué.” » Ainsi réhabilité mon héros pourra vivre en paix.

Ce scénario fantasmatique me donnait un grand plaisir mais ne correspondait pas vraiment à ce que j'espérais. En arrangeant mes souvenirs pour en faire une expérience partageable, je revenais au monde, je me sentais accepté, moins étrange, mais ce n'était pas ce que je voulais. Il me semblait que la compréhension de l'horreur me permettrait de mieux maîtriser l'agresseur. Il fallait que je devienne scientifique pour combattre le nazisme. À 11 ans, j'ai cru que la science m'apporterait quelques morceaux de vérité dont je ferais une arme pour combattre les Allemands. Vers ça je devais tendre pour devenir moi-même. Cette aspiration me montrait le chemin. Le sens que je donnais au fracas de mon enfance métamorphosait ma manière de ressentir ce qui m'était arrivé. Ce n'était plus l'horreur de la brutalité du fait, ça devenait une représentation agréable à écrire, un travail de compréhension qui me plaisait beaucoup. Il fallait que je déchiffre le mystère de l'arrestation pour en faire une écriture afin que le malheur de mourir se transforme en bonheur de comprendre.

Aujourd'hui je sais que cette réaction de défense (de légitime défense) me protégeait parce qu'elle était délirante. Le réel était en ruine. Ma famille d'accueil plus endeuillée que moi, hébétée par la guerre et la persécution, se taisait afin de ne pas réveiller les démons. Quand les récits font revenir l'horreur, sans la métamorphoser, la répétition des mots fait saigner la mémoire. Parler fait souffrir, alors autant se taire quand personne ne vous écoute.

Dans mon histoire de vie, chaque fois que j'ai avoué mes rêves, j'ai perdu des amis. Ce que je racontais était trop délirant, trop coupé de l'idée qu'ils se faisaient des événements. Et pourtant mes rêves me sauvaient de la réalité folle où il était normal de tuer un enfant. Si j'avais été équilibré, j'aurais cherché à me mouler sur le malheur de mes proches, survivants comme moi. J'aurais partagé leur tristesse, participé à leur silence, lourd de souvenirs impossibles à raconter. J'aurais vite appris n'importe quel métier pour rester près d'eux dans un chagrin silencieux entrecoupé d'orages.

Plus tard, on a cherché des raisons qui n'étaient pas raisonnables mais qui donnaient une forme verbale à l'illusion de comprendre : « Tu dis que ta mère te manque… mais j'ai fait pour toi ce qu'elle n'aurait jamais fait… C'est ainsi que tu me remercies », et tout le monde souffrait.

Par bonheur, je délirais. Je me réfugiais dans un arbre creux qui communiquait avec des souterrains où m'attendaient des animaux, boules d'affection qui ne me jugeaient pas. Plus tard, j'ai rencontré dans un livre Rémi, un enfant sans famille, sans cesse abandonné, à qui M. Vitalis avait appris à monter des spectacles de rue, des saynètes où les rôles principaux étaient joués par le chien Capi, ses deux copains bâtards et le singe Joli-Cœur[1]. La troupe mettait en scène, sur la place du village, les problèmes de la vie quotidienne.

1. Malot H., *Sans famille*, Paris, Belin, 1984.

Faire une carrière de victime ou donner sens au malheur

À l'adolescence, j'ai découvert *L'Enfant*, *Le Bachelier* et *L'Insurgé* de Jules Vallès[1]. J'ai cru que l'auteur racontait la vie à laquelle j'aspirais. Une enfance sans cesse blessée, une dignité retrouvée grâce au diplôme qui donnait une valeur à l'enfant-poubelle que j'étais. Le héros du roman, Jacques Vingtras, encore lycéen, m'expliquait que l'insurrection était nécessaire quand on a été humilié par la société. On ne pouvait retrouver sa dignité que lorsque la révolte aurait permis de redonner confiance à l'enfant-lambeau déchiré par l'existence. Mon héros « l'Insurgé » avait été envoyé au Concours général où les élèves sélectionnés devaient écrire de 8 heures du matin à 14 heures. Ils avaient le droit de déjeuner à midi, alors Jacques Vingtras s'était fait cuire des saucisses. J'adorais cette scène parce qu'elle donnait forme à une reconnaissance intellectuelle associée à une transgression. Les saucisses cuisant sous les lambris de la Sorbonne ! C'est peut-être un faux souvenir, mais il a emblématisé mon destin. J'en ai fait une représentation marquante parce que cette situation me permettait de penser qu'un enfant

1. Vallès J., *L'Enfant, le Bachelier, l'Insurgé* (trilogie 1859-1872), Paris, Omnibus, 2006.

étrange, chassé de la société, peut quand même tenter une aventure humaine au prix d'un cheminement forcément marginal.

Un autre fantasme embellissait mon monde : le goût pour la science. Je croyais qu'un fait scientifique découvrait la vérité, alors que je pense aujourd'hui qu'un fait scientifique est fait par un scientifique. Ce n'est pas un mensonge, ce n'est pas une erreur, c'est un segment de monde éclairé par la méthode du chercheur, autant que par son âme. Quand on parle de l'âme d'une maison, on sait bien que les pierres ne sont pas animées et pourtant on a l'impression qu'une force immatérielle insuffle dans les murs une vie impossible à percevoir. L'objet de science n'est pas hors du chercheur. Le choix d'une hypothèse parle de son histoire et la méthode qui construit l'objet provoque un sentiment que l'on peut définir comme un « contre-transfert de l'objet de science[1] ». Quand un analysé exprime à son psychanalyste l'amour ou la haine qu'il éprouve pour lui, l'analyste en retour éprouve un affect séduit ou condescendant, flatté ou irrité provoqué par le transfert. Quand un travail clinique raconte que les enfants en carence affective sont voués à devenir délinquants, le chercheur qui a obtenu ce résultat peut en tirer les conséquences pratiques qu'il souhaite. Il peut défendre

1. Devereux G., *De l'angoisse à la méthode dans les sciences du comportement*, Paris, Flammarion, « Champs essais », 2012.

les liens familiaux, culpabiliser les mères ou intégrer cette donnée dans une démarche politique qui vise à punir ou à éduquer les futurs délinquants.

À l'époque où Jules Vallès m'avait encouragé à exprimer la vision du monde marginal auquel j'étais contraint, j'avais lu une publication scientifique qui soutenait qu'une population de chiots privés de vitamine B12 avait donné des adultes craintifs, alors que ceux à qui l'expérimentateur avait donné une surcharge de ces vitamines étaient devenus des adultes hardis. Cette publication, scientifiquement discutable, avait alimenté mon besoin de croire qu'une enfance ratée pouvait être réparée. Je voulais créer l'occasion de penser que la fatalité n'existe pas alors que j'étais entouré d'adultes qui racontaient qu'on ne pouvait pas échapper à son destin biologique, tandis que d'autres préféraient parler de destinée sociale. Le fait scientifique est fait par un scientifique qui n'échappe pas à sa vision du monde et le lecteur interprète le fait selon ses désirs pas toujours conscients.

La sensation du clinicien, l'œil du maquignon, constitue un savoir de laboureur, moins scientifique et pourtant parfois plus précis que la connaissance coupée du réel des mangeurs de vent. On m'expliquait que certains enfants étaient de mauvaise qualité, qu'ils avaient une tête où ça n'entrait pas bien, qu'ils grandissaient dans un milieu insalubre qui les vouait à la prison à cause de leurs mauvais résultats scolaires et de leurs bagarres incessantes. Je pensais que pour échapper à cette malédiction, il suffisait de se taire et faire secret de cette enfance. Jusqu'au jour où, à l'âge de 14 ans, on m'a donné l'occasion de séjourner dans une institution où la plupart des enfants étaient des orphelins de guerre[1]. La directrice Louba avait travaillé en Pologne avec Korczak, ce pédiatre pédagogue qui voulait que l'éducation se fasse dans une « République des enfants[2] ». Le métier d'éducateur n'existait pas en 1950, ceux qu'on appelait « les moniteurs » racontaient leur propre histoire que nous pouvions questionner ou critiquer. Souvent ils exposaient l'histoire du peuple juif passionnante et difficile, faite d'incessants malheurs et de victoires contre l'adversité. L'art et le sport organisaient les journées. Les douces chansons yiddish ne portaient plus malheur comme pendant la guerre, on pouvait parler en toute sécurité et chanter en toute poésie. Les débats avec les moniteurs structuraient nos opinions politiques et affirmaient nos tendances artistiques. En quelques mois, la représentation que je me faisais de mon enfance oppressante, contrainte à la dissimulation pour avoir le droit de vivre, a été métamorphosée. Je n'étais plus honteux d'être un enfant-moins, un sans famille. La mort de mes parents prenait

1. CCE, Commission centrale de l'enfance, fondée par Joseph Minc en 1945. Bianchi S., *Des larmes aux rires. Histoire et mémoires d'une organisation juive laïque progressiste. 1945-2020*, Paris, AACCE, 2021.
2. Janusz Korczak, médecin pédagogue, mort à Auschwitz en 1942 parce qu'il n'aurait pas supporté de laisser les enfants rentrer seuls dans la chambre à gaz.

un sens nouveau. Mon père dans l'armée française, mon jeune oncle dans les FTP[1] alimentaient des récits d'honneur et de résistance au nazisme qui me rendaient fiers d'eux. La petite République des enfants à Stella-Plage avait fait naître en moi un joyeux sentiment d'appartenance. Je pouvais être compris, il suffisait que je m'exprime pour ne plus me sentir comme un paria interdit de vivre.

Face au malheur, je découvrais deux stratégies d'existence.

• Faire une carrière de victime, comme nous y encourageait la doxa des années d'après-guerre. « Les enfants sans famille ne pourront jamais se développer », disait-on dans une culture où le travail, la famille et la patrie étaient des valeurs suprêmes.

• L'autre stratégie consistait à donner sens au fracas en s'intégrant dans un groupe où chacun cherche à comprendre ce qui s'est passé afin de se remettre en chemin. Faire sens pour sortir du chaos permet un travail de reconstruction. Quand la représentation que le blessé se fait de son trauma est concordante avec les récits d'alentour, familiaux et culturels, le plaisir et la fierté de se remettre à vivre devancent le malheur d'avoir été mutilé[2].

1. FTP : francs-tireurs et partisans, résistants communistes.
2. Carensapt E., Tousignant M., « Immigrations and resilience : Making sense out of chaos », *in* D. L. Sam, J. M. Berry (dir.), *The Cambridge Handbook of Acculturation Psychology*, New York, Cambridge University Press, 2006, p. 471-473.

Le trauma comme objet de science n'est donc pas séparé de la personnalité du chercheur[1]. On pourrait presque dire que toute vision du monde est un aveu autobiographique. Dites-moi comment vous voyez le monde et je vous dirai comment votre existence a construit votre appareil à voir le monde. Quand vous écrivez un roman où le héros que vous inventez raconte votre histoire, quand vous construisez un objet de science afin de comprendre et de maîtriser l'agresseur, vous redevenez maître de votre monde intime. Vous n'êtes plus une brindille emportée par la bourrasque, vous avez gagné un degré de liberté.

Avant mon arrestation, ceux qui me protégeaient en me cachant avaient dit : « Il ne faut plus que tu sortes pour aller chercher le lait, un voisin pourrait te dénoncer. » La mort pouvait donc venir de dénonciateurs inconnus ? Tout milieu était dangereux. Pourquoi pendant des années ai-je pensé si souvent à ce soldat en uniforme noir dans la synagogue transformée en prison, qui venait s'asseoir près de moi pour me montrer la photo de son petit garçon auquel je ressemblais ? Ce souvenir d'image m'intriguait et m'apaisait. La mort ne venait donc pas toujours des Allemands, il n'y avait rien d'inexorable, on pouvait y échapper. J'avais besoin de ce souvenir pour me sentir léger mais je ne pouvais pas le partager avec les adultes qui m'entouraient parce

1. Devereux G., *De l'angoisse à la méthode dans les sciences du comportement*, *op. cit.*

que, eux, avaient besoin de l'image de la barbarie nazie, pour s'indigner et désigner les coupables.

Mon souvenir de ce soldat en uniforme noir est-il aussi vrai que ce que ma mémoire me montre ? Je me suis évadé en plongeant sous le corps d'une dame mourante. Elle avait reçu des coups de crosse dans le ventre et sa paroi éclatée la faisait saigner à mort. Je me souviens qu'un médecin militaire est entré dans l'ambulance, a examiné la mourante, m'a vu caché sous elle et, en donnant le signal du départ vers l'hôpital, m'a donné le droit de ne pas mourir. La dame n'est pas morte et, cinquante ans plus tard, quand j'ai retrouvé sa famille, elle avait raconté à Valérie, sa petite-fille, qu'elle s'était toujours demandé ce qu'était devenu le petit garçon qui s'était caché sous elle. Elle a aussi révélé que l'ambulance était une camionnette et que le capitaine Mayer (Meyer ?) avait dit : « Peu importe qu'elle crève ici ou ailleurs, ce qui compte c'est qu'elle crève. » Pourquoi me suis-je fait croire qu'il m'avait vu sous elle et avait tout de même donné le signal du départ ? C'est peut-être elle qui se trompe en attribuant des mots français à un capitaine allemand ? Elle a dit aussi à sa petite-fille : « J'ai noyé cet enfant dans mon sang. » Pourquoi n'en ai-je aucun souvenir ? Mon besoin de croire que la mort n'est pas fatale constitue un espoir délirant qui m'a donné la force de ne pas me soumettre. Je me plaisais à me souvenir que ce soldat en donnant l'ordre du départ m'autorisait à vivre, prouvant ainsi que le mal n'est pas fatal. Plus tard, je me suis dit : « On peut combattre le destin en étudiant la médecine pour retarder la mort, on peut aussi chercher à comprendre le monde intime des tueurs pour ébranler leurs certitudes. »

Apprendre à voir le monde

Viktor Frankl a failli naître le 26 mars 1905 dans le célèbre café Siller où sa mère a ressenti les premières contractions. Il est arrivé au monde dans la belle culture viennoise où se retrouvaient les intellectuels européens. Le nouveau-né a été élevé par une mère fière de ses origines dans une famille d'écrivains et de médecins tchèques où son oncle Oskar Wiener, auteur de contes fantastiques, fréquentait le cercle des poètes de Prague. C'est là que Gustav Meyrink a conçu le scénario du Golem[1], cette créature décrite dans les psaumes du Talmud qui porte sur son front de terre glaise l'inscription *Emet* qui, en hébreu, signifie « vérité ». Ne vous fiez pas à sa clarté car il suffit que la pluie ou le soleil efface le « e » pour que le mot « met » indique « la mort ». Les paroles insufflent un monde mental dans les êtres humains qui, sans langage, ne seraient que matière. Le pouvoir des mots est

1. Meyrink G., *Le Golem* (1915), Paris, Flammarion G.F., 2003.

si grand, nous dit le Golem, que le moindre événement peut en changer la signification et nous faire voir un monde différent. Viktor baignait dans le monde mental d'une mère chaleureuse et cultivée qui savait jouer de la polysémie quand un mot donne plusieurs sens. Le mot « secrétaire » désigne, selon le contexte, un meuble ou un métier et personne ne se trompe. Le soir, pour endormir Viktor, sa mère chantait une berceuse : « Sois calme, toi, ma petite peste[1] » et l'enfant sécurisé par la chanson et le vocable affectueux « petite peste » s'endormait en toute confiance. L'attachement de Viktor pour sa mère était intense. Chaque fois qu'il la croisait, il ne manquait pas de lui faire une bise. Pour son père, il éprouvait une petite distance affective, ce qui était le sort des pères de cette époque.

En 1905, Vienne était appelée « la Rouge », car les sociaux-démocrates essayaient d'humaniser l'industrie en construisant de confortables logements ouvriers et en encourageant les arts populaires. Comme dans toute l'Europe centrale, on changeait de pays sans déménager, on changeait de langue au gré des décisions politiques. Vienne était multiculturelle avec ses Polonais, ses Allemands, ses Hongrois, ses Italiens et ses Juifs heureux et fiers d'appartenir à toutes ces cultures. Klimt en 1901 enchantait la peinture avec ses

1. Fabry J. et J., *Recollections. Viktor E. Frankl. An Autobiography*, New York, Basic Books, 2000, p. 19.

couleurs vives et son graphisme étrange. La musique de Schönberg prenait place auprès de Haydn, Mozart, Beethoven et Liszt. Et surtout, Freud et Stefan Zweig se trouvaient en situation d'innovateurs. Depuis 1880, les pogroms de Russie avaient chassé à Vienne des Juifs étrangers qui côtoyaient ceux qui, totalement assimilés, se sentaient autrichiens. L'antisémitisme des pogroms et l'affaire Dreyfus en France (1894) furent un cadeau inattendu pour le fondateur du sionisme Theodor Herzl (1860-1904). Ce journaliste juif se croyait allemand quand il fut stupéfait par l'orage antisémite. L'immense majorité des Juifs européens, hostiles au sionisme, n'éprouvaient aucun sentiment de « nationalité hébraïque[1] ». C'est dans leur propre pays qu'ils voulaient combattre l'antisémitisme jusqu'au moment où la Shoah les a obligés à changer d'opinion.

Un antisémitisme insidieux freinait l'accès aux postes administratifs et universitaires et parfois même excluait les Juifs, ce qui paradoxalement leur a évité le formatage scolaire. Cette contrainte « les faisait bénéficier d'une grande liberté d'esprit et d'expression[2] ». Quand Freud, « au cours de sa première année d'université, s'est aperçu qu'on s'attendait à ce qu'il se sente inférieur en raison de sa “race” [...] il a réagi par le défi [...] pour ne pas se soumettre au verdict

1. Le Rider J., *Les Juifs viennois à la Belle Époque*, Paris, Albin Michel, 2013.
2. Slezkine Y., *Le Siècle juif*, Paris, La Découverte, 2008.

de la "majorité compacte"[1] ». Freud, Juif sans Dieu, aurait pu faire une carrière universitaire classique sur l'autoroute des diplômes. Il a préféré tracer lui-même son sentier de chèvre plutôt que se soumettre à la récitation qui mène au diplôme mais ne stimule pas la pensée.

Stefan Zweig a eu la même réaction. Il se considérait comme un hôte actif de la culture autrichienne quand il écrivait : « C'est à Vienne qu'on peut le plus aisément se sentir européen et éviter la folie d'un monde fanatique et nationaliste[2]. » Schönberg, lui aussi, se croyait musicien européen quand il a découvert qu'il était juif en 1921, le jour où la municipalité l'a exclu des salles de concert.

Rudolf Höss est arrivé au monde en 1901, dans l'élégante ville de Baden-Baden, en Allemagne. Son milieu précoce est composé d'une mère que l'enfant tient à distance et d'un père qui n'est jamais là, voyageant pour ses affaires. Ce qui caractérise la petite enfance de Rudolf, c'est une solitude désirée, dans une maison de banlieue en lisière de la forêt. Ses relations peu affectives dans son foyer familial sont réchauffées par un amour démesuré pour les animaux : « Je me suis développé comme un enfant solitaire. Je n'ai jamais été aussi heureux que lorsque je jouais seul. Je ne

1. Gay P., *Freud. Une vie*, Paris, Hachette, 1991, p. 687.
2. Heyman S., « In secret of Freud's Vienna, from couch to cafes », *New York Times*, 29 août 2014.

supportais pas d'être regardé par les autres[1]. » Il est âgé de 5 ans quand sa famille déménage pour Mannheim. Dès lors, son père est présent tous les jours et enchante l'enfant en lui racontant ses batailles coloniales dans l'Est africain. Rudolf rêve de devenir missionnaire pour apporter la belle civilisation blanche à la lugubre Afrique noire. La fièvre religieuse de son père embarque l'enfant dans des pèlerinages à Einsiedeln en Suisse et à Lourdes en France. Rudolf est fier d'obéir promptement au moindre souhait de ses professeurs, des prêtres et même des domestiques. Son père meurt quand il a 13 ans et, tout de suite, il ressent « le manque de la main forte et dirigeante du père[2] ». Lui, l'enfant sauvage, est angoissé par l'affection : « J'ai toujours combattu, depuis mes premières années, tout signe de tendresse[3]. » Il éprouve du plaisir à se laisser guider. Il a un tel besoin d'autorité que, lorsque les circonstances l'empêchent de se confesser, il ressent une forte angoisse qui ne se calme que lorsqu'il peut à nouveau se purifier et être puni pour expier ses fautes.

En 1911, Josef Mengele naît à Guntzbourg, une jolie ville de Bavière. Sa petite enfance se déroule dans un foyer sans père, comme c'était la règle dans l'Europe industrielle. La présence maternelle était

1. Höss R., *Commandant of Auschwitz* (1951), Londres, Phoenix Press, 2000, p. 30 ; tr. fr. *Le Commandant d'Auschwitz parle*, Paris, La Découverte, 2004.
2. *Ibid.*, p. 32.
3. *Ibid.*, p. 36.

faible, dans un foyer où l'on valorisait la réussite sociale. Le père avait monté une entreprise de machines agricoles et, en 1914, quand il a dû s'engager dans l'armée allemande, sa femme courageuse et autoritaire a pris le relais avec efficacité. Josef, en tant que fils aîné destiné à continuer la charge, s'intéresse peu à l'entreprise. Ses compagnons de lycée racontent qu'il rêvait de devenir célèbre : « Un jour, tu verras mon nom dans l'encyclopédie[1]. » Dans cette famille, « les rapports sont régis par le respect... Le père est froid et la mère pas meilleure en affection[2] ».

Josef est un élève assez bon et très sociable. Il s'intéresse à la biologie, à la zoologie, à la « philosophie naturelle » et surtout à l'anthropologie. Ces mots ne désignent pas exactement les mêmes disciplines scientifiques qu'aujourd'hui. La biologie à cette époque s'intéressait à l'agencement des cellules qu'on voyait au microscope, alors que de nos jours elle décrit une chimie intracellulaire qu'on photographie au microscope électronique. La zoologie était une discipline convoitée qui étudiait l'anatomie comparée, afin de produire une classification des êtres vivants. Quand les nazis employaient le mot « anthropologie », ils se référaient à un ordre naturel où cette science avait pour mission de catégoriser les êtres vivants afin de

1. Posner G. L., Ware J., *Mengele. The Complete Story*, New York, McGraw-Hill, 1986, p. 5.
2. *Ibid.*

les hiérarchiser. L'implicite de cette pensée plaçait l'homme en haut de l'échelle du vivant.

Au moment de quitter sa famille, le jeune Josef voulait devenir dentiste tant il avait le goût des soins artisanaux. Mais il s'est inscrit en médecine pour satisfaire un postulat fantasmatique : « C'est passionnant de découvrir à quel point les êtres humains sont inégaux. L'anthropologie est la science qui peut échafauder une telle représentation. » Dans cette attitude épistémique, la science est utilisée pour étayer une représentation *a priori* : « J'éprouve du plaisir à trouver les arguments d'anatomie comparée qui vont donner corps à ma vision hiérarchisée des êtres vivants et de la condition humaine », aurait-il pu dire.

Le jeune Josef Mengele croyait en son étoile. Il étudiait avec application et obtenait de bons résultats. Il pratiquait l'équitation et le ski, établissait facilement des relations amicales, s'exprimait avec aisance, méprisait l'Église catholique qu'il considérait comme une entreprise commerciale et s'engageait dans la Croix-Rouge autrichienne pour aider les nécessiteux. Sympathique, tout ça ! Peut-être même révélateur d'un équilibre mental, d'une volonté de faire quelque chose de sa vie, de lui donner un sens.

J'ai connu le même intérêt que Josef Mengele pour la classification des races. Après la guerre, âgé de 12 ans, j'avais été confié pendant quelques mois à un couple de journalistes, les Sergent, qui habitaient rue Raynouard à Paris, dans le quartier où l'on allait bâtir la Maison de la Radio. Ils étaient gentils, elle était très belle, ils enregistraient chez eux, au rez-de-chaussée, leurs émissions de radio, et les chansons de Jean Sablon.

> « Pourquoi m'avoir donné rendez-vous sous la pluie,
> Petite aux yeux si doux, trésor que j'aime… »

Dans le rayon du bas de la bibliothèque, il y avait une très belle encyclopédie des races que je feuilletais avec intérêt. Je me souviens de la photo d'un Asiatique ridé et de m'être demandé : « Qu'est-ce qui se passe dans la tête d'un Chinois qui vit dans un pays lointain, dans une autre culture ? » Le monde intime d'un Indien avec ses belles plumes me faisait évoquer la chasse aux bisons, et je me demandais ce que pouvaient ressentir les Noirs dont les ancêtres avaient subi l'esclavage. Je ne me rendais pas compte du stéréotype de mes questions puisque c'est la première fois que je les posais. J'éprouvais déjà le désir de découvrir d'autres mondes mentaux.

Je comprends aujourd'hui, en écrivant ces lignes, que Josef Mengele, en voyant les mêmes photos, aurait éprouvé le plaisir que donne un sentiment de supériorité. Il cherchait déjà sur la forme des crânes et des mâchoires les indices anatomiques dont il faisait la preuve d'une infériorité. Voyant une même photo, certains éprouvent le plaisir d'explorer alors que d'autres se délectent du sentiment de leur supériorité. Je me souviens, à l'inverse, d'un patient étudiant ingénieur, très bon joueur de football qui, chaque fois qu'il marquait un but, éprouvait la tristesse d'avoir rendu malheureux les joueurs de l'autre équipe. Il souffrait de mélancolie et interprétait le moindre événement de la vie quotidienne comme un malheur dont il se sentait coupable. La perception d'un même fait, les peaux de couleurs différentes, les décors paysagers, marquer un but au football, peut éveiller en nous des représentations éloignées. Le sentiment ainsi provoqué devient la source de conduites opposées. Mon patient se punissait d'avoir rendu les autres malheureux, alors que j'éprouvais le plaisir de découvrir d'autres mondes. Mengele, lui, se servait de la science pour satisfaire son goût de la hiérarchie des êtres humains, ce qui le préparait à chercher des solutions pour éliminer de la société les êtres inférieurs. C'était sa vision du monde.

En 1930, Josef Mengele, jeune médecin, travailleur et amical, rencontre, lors d'une réunion à Munich, la doctrine raciste. Cette théorie donnait une forme verbale à sa manière de ressentir le monde. Lui qui se croyait de gauche fut séduit par un récit qui correspondait à la philosophie naturelle à laquelle il aspirait. La science lui fournissait matière à fantasmer et prétexte à engagements sociaux. Le jeune médecin pensait de plus en plus au droit d'éliminer les vies sans valeur qui coûtent cher, ce qui empêche de donner une bonne éducation à de beaux jeunes gens. C'est au nom de cette morale qu'il faudra éliminer 300 000 malades mentaux inutiles et coûteux.

Freud faisait partie de ces jeunes médecins passionnés par l'anthropologie, cette démarche scientifique qui étudie l'homme dans ses compétences biologiques, sociales et culturelles. Quand Sigismund Schlomo Freud est arrivé au monde en 1856 à Freiberg en Moravie, il n'était pas encore autrichien. De nombreuses personnes en Europe centrale, à cette époque, changeaient de nationalité quand les événements politiques déplaçaient les frontières. L'enfant Freud s'est développé dans une niche familiale où les structures de parenté cafouillaient. Sigismund avait une connaissance approximative de ses origines juives allemandes, lituaniennes et galiciennes. « Ce qui devait modeler son développement affectif... [c'est] la trame enchevêtrée de ses rapports familiaux[1]. » Les liens de parenté embrouillés étaient la règle à cette époque où l'espérance de vie des femmes ne dépassait pas 40 ans et où un enfant sur deux mourait lors des premières années. Les veufs se remariaient souvent, comme ce fut le cas du père de Sigismund. Quand Jakob Freud a épousé Amalia, sa troisième épouse, il avait 40 ans, elle en avait 20. Jakob avait deux fils d'un mariage précédent, Emmanuel l'aîné qui vivait

1. Gay P., *Freud, op. cit.*, p. 9.

dans le voisinage du couple et Philipp le cadet qui avait à peu près l'âge d'Amalia, si bien que le petit Sigismund a longtemps cru que son frère faisait couple avec sa mère. Freud a dû se sentir soulagé quand, après la mort de son père, il a osé penser qu'une aventure familiale comme celle d'Œdipe posait le problème universel d'un complexe sexuel intrafamilial que les êtres humains nomment « inceste ».

Explorer le monde ou le hiérarchiser

En 1925, quand Freud écrit sa brève esquisse autobiographique[1], il évoque un judaïsme tranquille : « Je suis un Juif sans Dieu, parce que mes racines sont juives. Je n'éprouve pas le besoin de me réfugier dans un groupe d'autodéfense où les Juifs se radicalisent en se solidarisant pour affronter l'adversaire. C'est pourquoi je n'ai pas besoin de penser à la création d'un État juif. Israël, au Proche-Orient, posera de nombreux problèmes[2]. » La découverte d'une lettre de Sigmund Freud au sioniste Chaim Koffler (26 février 1930) parle de son « regret que le fanatisme peu réaliste de nos compatriotes porte sa part de responsabilité dans l'éveil

1. Freud S., *Ma vie et la psychanalyse*, Paris, Gallimard, 1949.
2. Roudinesco É., « À propos d'une lettre inédite de Freud sur le sionisme et la question des lieux saints », *Cliniques méditerranéennes*, 2004, 70.

de la méfiance des Arabes[1] ». Cette correspondance a été publiée dans la *Revue d'études palestiniennes*, puis en Italie avant d'arriver en France.

Dans un contexte européen où l'antisémitisme se développait, l'étudiant Freud n'était pas entouré d'antisémites. Carl Claus, professeur de zoologie, avait remarqué le jeune Freud et lui avait proposé un stage au laboratoire de biologie marine de Trieste pour résoudre le problème que tout le monde se pose : « Où sont passés les testicules des anguilles[2] ? » Carl Claus envoyait régulièrement à Freud des publications de Huxley et de Darwin pour le convaincre de l'évolutionnisme car le futur psychanalyste, excellent élève follement ambitieux, rêvait de découvrir les mystères de la nature. Attiré par la philosophie d'Ernst Brücke et par la clinique théâtrale de Charcot, Freud ne se plaisait pas sur l'autoroute universitaire. Il préférait tailler son chemin, comme le font souvent les fondateurs de disciplines nouvelles.

Darwin a marqué son empreinte dans la pensée évolutionniste des biologistes, des psychologues et des nazis. L'interprétation du fait évolutif était différente selon la discipline. Pour comprendre ces destins opposés du concept d'évolution, il faut situer celui-ci dans

1. « Lettre de Freud dactylographiée en allemand » (1930), traduction Jacques Le Rider, *Cliniques méditerranéennes*, 2004, 70 (2), p. 5-17.
2. Fédida P., Widlöcher D. (dir.), *Les Évolutions. Phylogenèse de l'individuation*, Paris, PUF, 1994.

son contexte. Au milieu du XVIIIe siècle, Linné avait classé l'homme parmi les animaux. Les spiritualistes en furent bouleversés. Pour Darwin l'homme, mammifère proche du singe, peut s'arracher à la condition animale grâce à un cerveau qui lui donne accès au monde de l'outil et du verbe. Pour lui, les êtres vivants ne sont pas hiérarchisés[1], ils s'adaptent plus ou moins bien aux variations du milieu. C'est le plus apte à vivre et à se reproduire dans ce milieu qui sera favorisé par la sélection naturelle, ce n'est pas forcément le plus fort. Une telle pensée écosystémique ne pouvait pas satisfaire ceux qui aiment les rapports de domination. Quand Freud percevait une différence entre deux mondes mentaux, il éprouvait le bonheur des explorateurs ; Mengele au contraire y voyait la preuve d'une hiérarchie naturelle. Cette interprétation du monde faisait naître en lui un plaisir d'obéissance qui mène à la domination. Le mot « interprétation » correspond à celui des musiciens quand, à partir d'un même livret et avec un même instrument, ils donnent une vie différente à la musique écrite. Ce phénomène de traduction d'un fait s'est produit avec les observations de Darwin[2]. Au XIXe siècle, les stéréotypes récitaient que l'homme était d'une nature surnaturelle puisqu'il avait une âme. Adam le « glaiseux » s'arrachait à la boue du

1. Grimoult C., « Darwin a-t-il déchu l'espèce humaine ? », *Sciences humaines*, 2021, 61, p. 19.
2. Bowlby J., *Charles Darwin. Une nouvelle biographie*, Paris, PUF, 1995.

sol grâce au souffle de l'esprit invisible qui lui permettait de dominer les choses et les êtres vivants. Le faire descendre d'un singe provoquait une indignation ou un éclat de rire. Mme Wilberforce aurait dit : « Mon Dieu, pourvu que ça ne se sache pas ! » De nombreux biologistes voyaient dans la théorie de l'évolution une représentation cohérente des changements anatomiques et comportementaux de la descendance des animaux d'une même espèce. Alors que d'autres intellectuels y trouvaient la preuve du fondement naturel de la hiérarchie des êtres vivants. « Avec le darwinisme, on entre nettement dans une hiérarchisation des races[1]. » Alors que Darwin démontrait que l'organisme qui parvenait à survivre était le plus apte à se reproduire, à maintenir l'espèce en vie dans un nouvel environnement, Francis Galton en faisait la preuve que seuls les plus forts méritaient de vivre, ce qui légitimait « l'élimination des faibles, des malades mentaux, des déréglés sociaux et des criminels[2] ». Les pauvres, les hideux étaient donc à leur place en bas de l'échelle sociale puisque telle était la loi de la sélection naturelle.

L'interprétation du fait dépend de la personnalité de l'observateur et de la connotation affective avec laquelle il colore un fait. Certains pensent que puisque la survie dépend de l'adaptation, il faut s'attaquer aux

1. Pichot A., *La Société pure. De Darwin à Hitler*, Paris, Flammarion, 2000, p. 326.
2. Aubert-Marson D., *Histoire de l'eugénisme*, Paris, Ellipses, 2010.

conditions adverses pour soutenir les moins aptes. Alors que ceux qui ressentent l'existence comme une échelle de force admirent les dominateurs et légitiment l'élimination des faibles. Ils ne s'intéressent pas aux petites gens, ne cherchent pas à découvrir leur monde et sont indifférents à leurs souffrances. L'empathie ne s'est pas développée chez eux, ce qui explique leur étonnante absence de culpabilité quand une loi commande l'élimination des vies sans valeur. Supprimer les zones gangrenées de la société, les faibles, les malades, les fous et ceux qui troublent l'ordre public devient pour eux une nécessité hygiénique. Il est moral d'apporter la bonne religion, la technologie supérieure à ces attardés de la civilisation que sont les Africains et les Asiatiques. Avec une telle clé interprétative, « le colonialisme est une vertu et l'homicide des faibles devient une source de bienfaits et de progrès sociaux[1] ».

Les penseurs de l'hygiène sociale étaient cultivés. Grâce à leur travail et à leurs connaissances scientifiques, ils accédaient aux lieux de décision politique. Alexis Carrel a été approuvé quand il a pris la défense de « ceux qui aiment la beauté, qui cherchent dans la vie autre chose que l'argent… Il sera nécessaire de [leur] fournir le milieu qui leur convient, au lieu de conditions adverses de la civilisation industrielle[2] ».

---

1. Chapoutot J., *La Loi du sang. Penser et agir en nazi*, Paris, Gallimard, 2014.
2. Carrel A., *L'Homme, cet inconnu* (1935), Paris, Plon, 1999, p. 434.

Notons que ce retour à une vie paisible et esthétique est aujourd'hui valorisé par notre culture. Alexis Carrel a été admiré quand le prix Nobel de médecine lui a été décerné en 1912 pour avoir mis au point la suture de vaisseaux. Il en aurait mérité un autre pour sa technique de la culture des tissus en médecine expérimentale. Ce grand savant accompagnait humblement les malades à Lourdes et assistait à des guérisons miraculeuses dont il témoignait pour confirmer sa croyance aux miracles divins.

Dans son désir de soigner la société, il écrit : « Les anormaux empêchent le développement des normaux. [...] Nous ferons disparaître la folie et le crime par une meilleure connaissance de l'homme, par l'eugénisme [...] par le fouet, ou par quelque autre moyen plus scientifique. [...] Un établissement euthanasique, pourvu de gaz approprié, permettrait d'en disposer de façon humaine et économique[1]. » C'est exactement l'argument des « vies sans valeur » qui estimait qu'il était moral d'éliminer les faibles pour augmenter la force des forts. Ernst Rüdin, psychiatre généticien suisse, avait fait passer à la demande de Hitler la loi de la stérilisation contrainte (1934) afin d'éliminer les schizophrènes, les faibles d'esprit, les aveugles, les sourds et les alcooliques[2]. En 1939, il reçut la médaille

1. *Ibid.*, p. 435-436.
2. Micale M. S., Porter R. (dir.), *Discovering the History of Psychiatry*, Oxford, Oxford University Press, 1994, p. 284.

Goethe pour son travail scientifique qui légitimait l'élimination des enfants de mauvaise qualité. Son travail fut utilisé par la propagande nazie qui composait des images où l'on pouvait voir un homme au visage hideux, au corps déformé, aux jambes tordues, auprès duquel se tenait un bel homme souriant, bien vêtu et bien peigné. Comme dans une bande dessinée, on pouvait lire : « Cet homme souffrant d'une défection héréditaire coûte 60 Reichsmark. » Les vies sans valeur sont ruineuses et ce montage de bande dessinée voulait dire : « Est-ce logique de gaspiller tant d'argent pour des êtres humains de si mauvaise qualité ? » Devinez la réponse. Cette argumentation émotionnelle provoquait une indignation vertueuse où le spectateur était amené à penser : « C'est choquant d'entraver la vie d'un homme de qualité pour entretenir un autre homme de mauvaise qualité. » En 1945, à la fin de la guerre, Ernst Rüdin affirma qu'il s'agissait d'un simple travail académique. Il fut puni d'une amende de 500 marks et, après avoir été décoré deux fois par Hitler, il poursuivit sa carrière aux États-Unis et rentra à Munich pour y mourir en 1952[1].

1. Joseph J., Wetzel N. A., « Ernst Rüdin : Hitler's racial hygiene mastermind », *Journal of the History of Biology*, 2013, 46 (1), p. 1-30.

Affronter

Quand Alfred Adler est arrivé au monde en 1870, son appareil à voir le monde s'était construit dans une niche familiale peu dynamisante. Son premier entourage a été composé par sa mère consacrée à son mari commerçant et à un frère aîné dominateur. Alfred a vu son foyer s'élargir par l'arrivée de quatre autres enfants. Très faible physiquement (on parlait de rachitisme), très émotif au point de souffrir de spasmes du sanglot à la moindre contrariété, l'enfant a eu du mal à prendre sa place dans ce foyer peu sécurisant. Quand le frère suivant est arrivé, Alfred a pensé que ce bébé allait lui prendre sa mère, ce qui était justifié puisqu'elle a dû s'occuper d'un bébé malade qui allait bientôt mourir.

À l'école, Alfred était un élève moyen, mauvais en mathématiques, ce qui a aggravé son manque d'estime de soi. Les enseignants voulaient l'orienter vers un métier manuel où physiquement il aurait eu du mal à tenir la cadence. Par bonheur, cet enfant chétif, élève médiocre, avait une grande qualité : il aimait les autres, il était curieux du monde. Dans la théorie de l'attachement on peut évaluer cet élan vers l'autre, cette socialité. Quand un enfant peut nommer quatre à six copains, quand il peut se confier à sa mère en cas de souci, on estime qu'il a acquis un attachement dit « sécure », un précieux facteur de protection et de socialisation. À l'adolescence, le fragile Albert s'était rendu plus fort. Son application au travail avait compensé ses mauvais résultats en mathématiques, ce qui lui avait permis de s'inscrire en médecine, de faire de bonnes études et d'ouvrir un cabinet privé en 1897. Il n'était pas universitaire, mais son plaisir de chercher à comprendre son métier l'avait incité à écrire un livre dans l'année qui a suivi son installation[1]. On y trouve déjà ce qui thématisera sa vie et ses recherches : un être humain n'est pas un individu placé sur une échelle hiérarchique, c'est une personne produite par des pressions sociales[2]. À l'âge de 37 ans, encore proche de Freud, il publie le livre qui a organisé ses réflexions[3] : la compensation psychique d'un sentiment d'infériorité. Le choix d'un objet de science n'est pas étranger à l'histoire de vie du chercheur. Bien au contraire, les événements de son enfance l'ont rendu sensible à un type de faits qu'il agence pour en faire le thème de ses recherches. L'enfance d'Adler l'avait rendu sensible à l'infériorité physique et non pas au pansexualisme qui thématisait les réflexions de Freud[4].

On extrait du monde réel ce que notre histoire met en lumière. Quand j'étais praticien, je comprenais

1. Adler A., *Livre de santé pour le métier des tailleurs*, 1898.
2. Schaffer H., *La Psychologie d'Adler*, Paris, Masson, 1976, p. 9.
3. Adler A., *Compensation psychique de l'état d'infériorité organique*, Paris, Payot, 1956.
4. Ellenberger H. F., *À la découverte de l'inconscient. Histoire de la psychiatrie dynamique*, Villeurbanne, Simep, 1974.

sans peine les déchirures affectives de l'enfance chaotique de certains de mes patients. J'étais effaré par le nombre de victimes d'inceste qui venaient en parler dans l'intimité du cabinet. Ces femmes (parfois ces hommes) chassés de la société par cette transgression majeure ne pouvaient pas dire au public ce qui leur était arrivé. Elles étaient empêchées de parole, comme je l'ai été dans les années d'après-guerre, quand on ne me croyait pas, ou quand on m'expliquait doctement que mes parents avaient souffert à Auschwitz parce qu'ils avaient commis de grands péchés. Ceux qui parlaient ainsi interprétaient le monde comme une hiérarchie de fautes qu'il fallait punir. Les femmes violées entendent souvent : « Sans le faire exprès, tu as dû le provoquer. » Il n'est pas rare que les victimes d'inceste soient accusées de mettre en cause leur père : « Je le connais, ton père, il n'aurait jamais pu faire ça. » Il arrive même que les victimes incorporent dans leur mémoire les stéréotypes du contexte : « Sans le faire exprès, j'ai dû le provoquer. »

Contrairement à ce qu'on pense spontanément, il est moins difficile de parler à un étranger qu'à un proche. La proximité affective donne trop de poids aux mots. Comment dire à ses propres enfants que le grand-père qu'ils aiment tant faisait semblant de dormir dans un fauteuil quand soudain, il attrapait sa fille qui passait près de lui et la violait. Comment l'entourage pourrait-il accepter un tel récit incompatible avec l'image d'un gentil grand-père ? Un regard éloigné facilite l'objectivité. La distance affective permet d'ouvrir les yeux. Est-ce cela qui explique pourquoi le théâtre, le cinéma et la littérature constituent un catalogue de crimes, de guerres, de viols et d'incestes que les héros de fiction exposent en public, alors que le témoignage direct aurait été impossible ?

Quand le sujet ne peut pas prendre place dans sa culture, la discordance entre les récits collectifs et le récit intérieur donne à celui qui raconte son trauma l'impression de faire un aveu. La distance affective dilue l'émotion, alors que dans l'intimité le moindre silence provoque un malaise, le plus petit mot de travers peut devenir blessant : « Pourquoi maman se tait-elle quand nous lui demandons de parler de son père, notre grand-père ?... Pourquoi papa ne parle-t-il jamais de son pays d'origine ? »

Quand la culture s'intéresse à ces traumas non dits, elle rétablit une concordance entre les récits collectifs et ceux du blessé. Il peut enfin s'exprimer sans trouble et sans frein, « comme ça vient ». Quand il se sent entier, il parle paisiblement. Mais quand le blessé raconte en public ce qu'il n'a pu dire en privé, sa famille ressent souvent cet « aveu » comme une trahison : « Il parle de lui en conférence, mais à nous il ne dit rien. »

Dans l'inceste la femme agressée ressent l'énormité du crime dans lequel elle a été entraînée. Quand elle ose aller au commissariat, elle fait souvent exploser la famille. L'impossibilité de la preuve réduit la confrontation à une bataille d'affirmations. Il en est de même pour la mémoire de la Shoah, quand un enfant de survivant rencontre un négationniste. La discussion est difficile quand le complotiste rigole, interprète les documents ou s'indigne : « On me la fait pas, à moi. » Pour lui, c'est le criminel qui est persécuté par une injuste accusation, car « Auschwitz n'a jamais existé ».

Comment bavarder de ces choses-là en termes quotidiens ? Au cours d'une agréable soirée, mon ami Gonzague Saint Bris m'a demandé de raconter mon arrestation, mon évasion et mes séjours dans des institutions parfois maltraitantes. Le contexte était plaisant, les plats délicieux, les femmes apprêtées et les hommes s'appliquaient à dire des choses intéressantes quand soudain Gonzague m'a demandé de mettre au diapason mon enfance en haillons ! « Si je parle, ai-je pensé, je vais les accabler, casser le charme de la soirée, ou pire même, je vais les rendre gourmands de mon malheur. » Alors que les récits publics stimulaient l'opinion en attribuant un prix Goncourt au *Dernier des Justes* en 1959, en organisant des procès à grand spectacle, comme celui d'Eichmann en 1961, ou en créant des films comme l'émouvant *Guichet du Louvre* en 1974, la discordance était totale. Les récits publics n'entraient pas dans les familles et pourtant ce regard extérieur apaisait les blessés[1].

Abusive clarté

Méfions-nous des idées claires, elles sont réductrices. Hannah peut aimer un homme qui a marqué son empreinte dans son âme, dont la pensée a orienté sa pensée mais qui prend un chemin qu'elle ne peut plus suivre. Hannah aime encore Heidegger, reconnaît son influence mais elle est désorientée quand il encourage la destruction des Juifs. Ce n'est pas une incohérence de sa pensée, c'est un chemin qui diverge après avoir laissé dans sa mémoire une trace de bonheur affectif. Elle n'a jamais aimé un nazi, elle a été séduite par l'intelligence d'un homme qui est devenu nazi, elle a été impressionnée, embarquée par son professeur qui se mettait à genoux pour lui déclarer sa flamme. Quand Hannah, en 1933, a découvert que son amoureux souhaitait l'élimination des Juifs, elle n'a pas pu effacer de sa mémoire les moments heureux qu'elle avait eus avec lui.

Nous sommes pétris par notre existence. Hannah ayant vécu l'expérience affective avec un homme qu'elle aurait dû haïr a, par la suite, assisté au procès Eichmann

1. Azouvi F., *Français, on ne vous a rien caché. La Résistance, Vichy, notre mémoire*, Paris, Gallimard, 2020.

à Jérusalem. Elle a vu un homme qui avait commis des actes monstrueux (un homme, et non pas un monstre). La pensée radicale est tellement claire qu'elle devient abusive, elle fait voir ce qu'on pense, elle réduit un homme à l'acte monstrueux qu'il a commis. Hannah voit bien que cet homme est un petit monsieur. Elle comprend qu'en 1944, chargé d'appliquer en Hongrie la « solution finale » décrétée lors de la conférence de Wannsee, Adolf Eichmann a fait un très bon travail administratif : il a organisé sur le papier les rafles, les réquisitions de trains qui ont mené dans les chambres à gaz 450 000 Juifs en quelques mois. Cet immense criminel était un fonctionnaire besogneux, heureux de réaliser ses rêves, en tamponnant des documents, en rangeant des classeurs, en condamnant à mort d'un simple coup de stylo des dizaines de milliers de personnes chaque jour : « J'ai le sentiment d'avoir tué 5 millions de Juifs. Voilà qui me donne beaucoup de satisfactions et de plaisir[1]. » L'obéissance est une bonne affaire quand elle permet d'assassiner des millions d'êtres humains simplement pour se faire plaisir.

La mort, pour Eichmann, ne voulait rien dire. La sienne pas plus que celle des autres. Être là, ne plus être là, tuer, mourir, c'est tout pareil. Quand il est monté sur l'échafaud en mai 1962, il souriait. Il a bu

1. Goldhagen D. J., *Le Devoir de morale. Le rôle de l'Église catholique dans l'Holocauste et son devoir non rempli de repentance*, Paris, Seuil, 2004, p. 36.

son verre de vin, refusé la cagoule que le bourreau mettait sur la tête de ceux qu'il devait pendre, puis il a marché tranquillement vers le gibet. Être vivant ou ne plus l'être, quelle différence ?

Je vais vous surprendre, mais je pense que ces crimes sans émotion ni culpabilité ne sont pas rares et que beaucoup d'êtres humains en sont capables. Il ne s'agit pas d'anhédonie, engourdissement de la capacité à éprouver du plaisir. Adolf Eichmann ressentait de grands bonheurs quand il envoyait à Auschwitz des trains bourrés de Juifs. C'est le plaisir qu'on éprouve à bien faire son travail, à tamponner, à classer, à nettoyer la société de la souillure juive. Voilà, c'est simple, cette énormité est banale, c'est ainsi que je comprends « la banalité du mal » de Hannah Arendt.

Comme nous tous, j'ai été façonné par mon existence. Quand j'ai assisté à des lobotomies, en 1966, j'avoue que j'ai été intéressé, je me suis soumis à une représentation. Les scientifiques disent qu'en coupant un morceau de cerveau, on guérit les névroses obsessionnelles. Voyons voir ! Je me souviens de cet ingénieur qui ne pouvait plus vivre parce qu'il passait ses jours et ses nuits à essuyer la poignée de la porte où il croyait avoir déposé des microbes. Son corps ne faisait qu'essuyer, son esprit ne quittait pas des yeux ce qu'il essuyait. Immense souffrance, aliénation pour lui et pour sa famille, si bien que lorsqu'un médecin a parlé de lobotomie, ce fut un espoir pour ces désespérés.

Dans une ambiance bienveillante, l'obs installé dans le fauteuil chirurgical. On immobilisa s tête, on rasa ses sourcils, on aseptisa son front, tout le monde fut d'une extrême gentillesse. L'anesthésie générale ne fut pas nécessaire puisque le cerveau est dépourvu de corpuscules qui perçoivent la douleur, on peut le couper sans crainte. Le chirurgien a pris une longue aiguille à bout rond, il l'a faufilée par une échancrure que nous avons tous sur l'orbite supérieure près de la racine du nez où il l'a enfoncée sans toucher l'œil. L'aiguille est arrivée à la face inférieure du crâne, une mince plaque osseuse spongieuse facile à franchir et voilà, elle se trouvait sous le lobe préfrontal. Il a suffit de l'enfoncer dans la matière cérébrale et d'injecter de l'eau distillée pour dilacérer les neurones. Alors j'ai vu, de mes yeux vu, le patient soupirer, se détendre et murmurer : « Je me sens bien… je me sens bien… » On l'a accompagné dans sa chambre, il marchait en souriant. Trois semaines plus tard, il a recommencé à frotter une poignée de porte, mais sa personnalité n'existait plus. Il ne répondait qu'aux stimulations du contexte, il frottait, il sursautait quand on le touchait, il regardait sans répondre quand on lui parlait. Je venais de voir, de mes yeux voir, la banalité du mal.

Personne ne s'est indigné. Nous n'avions aucune raison de douter puisque le contexte médical chantait les louanges de la lobotomie. Nous étions soumis à une représentation scientifique. En fait ces travaux trouvaient leurs sources dans la doxa culturelle qui depuis l'Antiquité postule que la folie siège dans le cerveau. Ce qui implique qu'il faut agir sur le cerveau pour soigner la folie. Ce n'est pas toujours faux puisqu'une malformation cérébrale, une intoxication ou une infection provoquent en effet des troubles psychiques. Mais aujourd'hui, la neuro-imagerie associée à la psychologie et à la sociologie[1] démontrent que la plupart des troubles psychiques proviennent de troubles relationnels ou de désorganisations sociales qui agissent sur le cerveau.

Or le contexte culturel des années 1930-1950 était monopolisé par la guerre. La violence était normale, c'est elle qui était chargée de résoudre les problèmes sociaux. La guerre de 1914-1918 avait envoyé à la mort 1,5 million de jeunes hommes qui, pour la plupart, n'avaient pas encore le droit de vote. À cette époque, le syndrome psychotraumatique n'était pas pensé. Quand un homme revenait des tranchées après quatre années de tortures en manifestant des spasmes et des troubles mentaux, on disait qu'il était lâche et simulateur, on le considérait comme un traître, un « Boche de l'intérieur[2] » ; puisqu'il ne pouvait plus combattre alors on le punissait, on ne pensait pas à le soigner.

1. Ehrenberg A., *La Mécanique des passions. Cerveau, comportement, société*, Paris, Odile Jacob, 2018.
2. Clervoy P., « Les suppliciés de la Grande Guerre », *in* B. Cyrulnik, P. Lemoine (dir.), *La Folle Histoire des idées folles en psychiatrie*, Paris, Odile Jacob, 2016, p. 51-76.

Quand les survivants sont rentrés chez eux en 1918 ils étaient devenus insupportables. Ils hurlaient en dormant, sursautaient au moindre bruit, ne pensaient qu'à l'horreur de ce qu'ils avaient subi et se disputaient sans cesse. Leurs femmes qui, pendant quatre ans, avaient fait marcher la famille et la société, ne pouvaient plus vivre avec ces hommes invivables. À la catastrophe de la guerre s'est ajoutée la catastrophe des divorces qui, en quelques mois, a fait exploser des dizaines de milliers de familles.

De nombreux hommes aux gueules cassées, au visage monstrueux déformé par les éclats d'obus avaient perdu de la matière cérébrale et pourtant continuaient à vivre. Clovis Vincent, un brillant neurologue, en a logiquement déduit qu'on pouvait opérer les cerveaux, enlever les tumeurs, les abcès et les hématomes, contrairement à ce que l'on pensait avant la guerre. Comme Clovis avait été très courageux au combat, il en a logiquement déduit que ceux qui ne pouvaient plus combattre devaient recevoir des décharges électriques sur leur corps, afin qu'ils préfèrent retourner au combat.

C'est dans un tel contexte de la connaissance qu'Egas Moniz, belle figure portugaise opposée au dictateur Salazar, a pensé que pour soigner les schizophrènes il suffisait de détruire « les arrangements de neurones fronto-thalamiques » qui produisaient les troubles psychiques. Il a donc pratiqué des trous au trépan pour dilacérer cette zone cérébrale en y injectant de l'alcool[1]. En 1936, il a publié ces « résultats encourageants », ce qui lui a valu le prix Nobel de médecine en 1949.

Quand la guerre légitime la violence, quand les déchaînements mentaux et sociaux nécessitent une régulation de la vie quotidienne, le traitement par « torpillage » électrique ou par lobotomie perd son relief de démesure, il s'inscrit dans l'ordre des choses. C'est pourquoi le docteur Walter J. Freeman qui, en 1941, avait lobotomisé la sœur de J. F. Kennedy a pu pratiquer 3 000 lobotomies à domicile, avec l'accord de la société.

En 1967, j'ai eu pour maîtres à l'hôpital de la Pitié, à Paris, le gentil Messimy et l'élégant Guilly qui ont analysé le fonctionnement du lobe préfrontal en examinant les malades lobotomisés[2]. Quand je me suis occupé d'un établissement de postcure au Revest, près de Toulon, j'ai vu beaucoup de jeunes femmes lobotomisées pour schizophrénie. La psychochirurgie avait en effet changé le tableau clinique en modifiant le fonctionnement cérébral, ce qui les avait encore plus aliénées. Avec mon ami Gérard Blès, nous sommes les derniers témoins oculaires de ce crime thérapeutique pratiqué jusqu'en 1970. Ce sont les médecins

1. Anglade L., (1948), cité *in* H. Guillemain, *Chronique de la psychiatrie ordinaire. Patients, soignants et institutions en Sarthe du XIXe au XXIe siècle*, Le Mans, Éditions de la Reinette, 2010.
2. Guilly P., Puech P., Lairy-Bounes G. C., *Introduction à la psychochirurgie*, Paris, Masson, 1950.

des hôpitaux psychiatriques qui ont fini par obtenir l'interdiction de cette pratique qui, pendant plus de trente ans, n'avait pas paru violente dans un contexte social qui valorisait la violence.

Les Soviétiques s'étaient opposés à la lobotomie pour des raisons idéologiques. Le Comité central soutenait que la théorie des réflexes conditionnés de Pavlov correspondait aux dogmes du marxisme scientifique, alors que la lobotomie faisait l'affaire de la médecine privée. À partir des années 1960, la commercialisation du Largactil, neuroleptique qui engourdit les agités, a rendu inutile la lobotomie. C'est alors que les médecins soviétiques ont utilisé ce médicament pour « soigner » les opposants au régime. Ils souffraient, disait-on, de « schizophrénie torpide », psychose assoupie, folie dormante sans symptômes, car il fallait être fou pour s'opposer au régime communiste qui voulait le bien du peuple.

Aucune découverte scientifique, aucune idée philosophique ne peut naître en dehors de son contexte culturel. Beaucoup de nazis, comme beaucoup de lobotomiseurs, n'avaient aucune conscience du crime qu'ils commettaient. Ils habitaient une représentation où ils puisaient leurs décisions politiques ou thérapeutiques : donner mille ans de bonheur au peuple en extirpant la souillure juive et soigner la folie en découpant le cerveau. Quand la violence est banale, la culture légitime ce mode de régulation des rapports sociaux. Les médecins nazis étaient convaincus qu'ils contribuaient scientifiquement à l'anthropologie physique[1]. C'est au nom de la morale qu'ils ont exterminé 300 000 malades mentaux en Allemagne, qu'ils ont réalisé de mortelles expérimentations médicales sur des enfants[2] et ont assassiné en rigolant 6 millions de Juifs en Europe.

Penser par soi-même

Dans un tel contexte il a fallu que Hannah Arendt sauve sa peau en s'enfuyant, après avoir été emprisonnée huit jours par la police allemande. Puis, pour préserver sa vie mentale, elle a cherché à comprendre ce qui se passait dans l'esprit de ceux qui s'étaient laissés embarquer dans le plaisir de haïr les Juifs et les races inférieures : « Lorsque j'ai quitté l'Allemagne, je ne voulais que comprendre[3]... ne pas m'apitoyer... La principale arme contre le totalitarisme, c'est l'exigence d'une pensée personnelle. » Comment peut-on obéir avec bonheur, se soumettre à des énoncés que l'on récite

1. Palem R. M. (dir.), « Fragments d'anthropologie psychiatrique », *Association Henri Ey, Canet en Roussillon n° 43-44*, juin 2019, Perpignan, Éditions Trabucaire, p. 7.
2. Cymes M., *Hippocrate aux enfers. Les médecins des camps de la mort*, Paris, Stock, 2015.
3. Arendt H., « Penser sans entraves », *Le Point*, hors-série n° 29, février-mars 2021, p. 18.

en les tenant pour vrais, sans jamais les avoir élaborés ? C'est le triomphe de la doxa quand un groupe social accepte un ensemble d'opinions évidentes, allant de soi, sans avoir le besoin de les mettre en questions. C'est le contraire de l'empathie qui se représente le monde d'un autre, c'est un processus mental qui absorbe les pensées d'un autre pour voir le monde à travers ses yeux. Cette attitude mentale se met en place vers l'âge de 6 ans quand l'enfant entend les récits de sa mère. Il y croit parce qu'il sait qu'elle va lui raconter ce qui est protecteur et ce qui est dangereux. D'abord, au cours des premières années, l'enfant a été sécurisé par le corps de sa mère quand il se blottissait contre elle pour ne plus avoir peur ou pour calmer un petit chagrin. Puis il a appris ses mots de façon à acquérir un outil relationnel qui lui a permis d'exprimer ses désirs et ses sentiments. C'est alors que la langue maternelle s'est incorporée dans sa mémoire, créant ainsi un instrument pour donner à voir et à partager un monde intime.

Vers l'âge de 6 ans, quand la maturation cérébrale connecte les neurones préfrontaux (socle de l'anticipation) avec les neurones limbiques (socle de la mémoire), l'enfant acquiert la représentation du temps. Il peut désormais entendre un récit et non pas seulement une injonction. Quand la narration d'événements réels ou imaginaires provient de la base de sécurité qui l'a protégé, l'enfant l'accepte sans discuter parce que la moindre mise en cause atténuerait son effet sécurisant. Quand une histoire est racontée par une mère protectrice, l'enfant a intérêt à y croire pour mieux voir le segment du monde qu'elle a mis en lumière avec ses mots. Quand l'enfant n'est pas sécurisé par une mère insécurisée-insécurisante, malade, maltraitée ou morte, quand l'image paternelle est effrayante ou absente, l'enfant vit dans un monde d'ombres inquiétantes, dangereuses ou persécutives puisque aucun récit ne lui donne une conduite à tenir pour s'en protéger. Son âme errante, désorientée, s'accroche à toute histoire qui l'apaise et donne sens à ses efforts. Quand un esprit est en déroute, tout cadre le sécurise, surtout s'il est extrême. « C'est comme ça et pas autrement », affirme l'extrémiste. Le mal vient de ceux qui posent des questions, les philosophes et les étrangers. Soumettez-vous, vous irez mieux.

C'est ainsi que l'affect participe à la construction de l'identité personnelle et de l'identité du groupe auquel on appartient : « Je sais ce qu'il faut dire, ce qu'il faut faire, ce qu'il faut croire, pour bien vivre avec eux. » L'attachement n'est pas une simple interaction[1], un corps-à-corps qui apaise, il devient un lien aux représentations des autres, une association mentale. Si nous voyons le même monde, si nous partageons

1. Eller J. D., « Affect, identity and ethnicity : Towards a social-psychological model of ethnic attachment », *Ethnic Studies Review*, 1996, 19 (2-3), p. 141-154.

les mêmes croyances, nous éprouverons le sentiment de nous sentir bien ensemble. C'est ainsi que la doxa possède un effet sécurisant.

Méfions-nous de ce qui tranquillise trop, ça engourdit la pensée. Dès l'instant où j'appartiens au corps de ma mère, où j'appartiens à sa langue (dite maternelle), où j'appartiens au monde qu'elle m'a présenté avec ses mots, je ressens le bonheur d'appartenir au groupe auquel elle appartient. Je suis étayé par ces pressions qui tutorisent mon développement. Plus tard je comprendrai que les explications que je fournis pour décrire mon bien-être ne s'enracinent pas dans la réalité, mais donnent une forme verbale au sentiment affectueux que j'éprouve. Je me sens bien dans le groupe auquel j'appartiens, nous portons les mêmes vêtements, les mêmes moustaches ou chevelures comme signes de ralliement, nous faisons les mêmes gestes, les mêmes prières, nous employons les mêmes mots pour décrire le monde invisible que nous habitons tous ensemble. Il ne s'agit plus de raisonnements qui cherchent l'accès à la réalité, il s'agit de rationalisations qui donnent une forme verbale au sentiment d'être ensemble, bien groupés, bien sécurisés, mais dont les vrais motifs sont inconnus ou irrationnels[1]. Le bénéfice énorme d'appartenir à une mère, à une famille, à un groupe donne

1. Ionescu S., Jacquet M.-M., Lhote C., *Les Mécanismes de défense. Théorie et clinique*, Paris, Nathan Université, 1997, p. 234-239.

confiance en soi et plaisir d'être ensemble. Mais cet éthos qui caractérise notre groupe et lui donne ses valeurs morales porte en lui une tendance à la clôture. Je ne me sens bien que dans ce groupe. Je suis fier de moi puisque je respecte sa morale. Je pense que la famille vaut mieux que la réussite sociale. Mais je me sens mal à l'aise avec ceux qui habitent un autre monde mental, manifestent d'autres rituels sociaux ou religieux, respectent une autre hiérarchie morale. Je les ressens comme non familiers, étrangers agresseurs, je préfère les éviter.

Le besoin de cohérence dans le groupe où je veux prendre ma place explique la tendance à la clôture : on est bien entre soi. Mais quand un membre du groupe est intéressé par un autre groupe où il découvre d'autres rituels et d'autres valeurs morales, il nous fragilise en nous faisant douter. Je le ressens comme un traître puisque, en nous montrant un autre monde cohérent, mais qui n'a pas la même cohérence que le nôtre, il relativise nos certitudes. Je croyais que pour structurer les familles, il fallait que les jeunes demandent la permission d'avoir des relations sexuelles au père, à l'État et à l'Église, ce que nous appelions « mariage ». Voilà que cet infidèle me fait découvrir qu'on peut vivre en société en supprimant cette institution ! J'avais des certitudes réconfortantes, sans avoir à faire l'effort de penser, et voilà que ce félon me fait découvrir que ce qui vaut pour l'un ne vaut pas pour l'autre. Ceux qui ont besoin de certitudes sont bousculés par la découverte d'un autre monde, tandis que les explorateurs sont enchantés par cette bousculade culturelle. Les adorateurs de la certitude aiment que rien ne bouge, ils affectionnent les pensées répétitives et les récitations de la doxa, alors que les explorateurs aiment se décentrer d'eux-mêmes pour explorer des mondes imprévus où tout est toujours nouveau.

Dans notre Occident moderne, la réussite sociale est au top de l'éthos, on admire ceux qui ont du succès parce qu'ils ont surmonté des épreuves et ont triomphé de rivalités. C'est moral de réussir. D'autres groupes connotent la réussite avec un sentiment d'arrogance, d'humiliation envers ceux qui n'ont pas réussi et même de malhonnêteté puisque, pour réussir disent-ils, il faut écraser. C'est immoral de réussir. Dans chacun de ces groupes, on reste entre soi, on récite les slogans qui tiennent lieu de vérité afin d'augmenter la cohérence du récit qui fonde la fraternité du groupe. Il convient dans ce cas de se dire persécuté afin de justifier sa propre violence, en prétextant la légitime défense. Le groupe tend spontanément à évoluer vers une morale perverse où l'on se solidarise entre proches, en se coupant de ceux qui pensent autrement, en ignorant leurs souffrances, en les laissant mourir avec indifférence et parfois même en éprouvant un discret plaisir.

Aimer pour penser

Ce lien d'attachement, nécessaire au bien-être et au plaisir d'apprendre[1], ne peut pas être éphémère. Pour être efficace il doit durer et s'inscrire dans la mémoire de chacun afin de solidariser les membres du groupe : « Je sais que je peux compter sur les autres puisque nous partageons les mêmes rituels et les mêmes croyances. » Les figures d'attachement qui interviennent après celles de la mère, du père et de la constellation familiale étayent la poursuite d'un développement harmonieux. Mais arrive un âge où le surgissement du désir sexuel et le goût d'indépendance invitent à quitter le confort familial pour continuer à progresser. L'attachement nécessaire au développement de l'enfant devient alors une entrave quand la culture n'aide pas l'adolescent à quitter sa niche sécurisante pour tenter l'aventure sexuelle et sociale[2]. Le jeune se sent prisonnier, il étouffe dans la niche affective où il était sécurisé. La plupart des cultures ont résolu ce problème naturel grâce au

1. Pommier de Santi A., *Pour une relation affective de qualité à l'école maternelle : approche psycho-éducative de la relation maître-élève à l'éclairage de la théorie de l'attachement*, thèse doctorat, directeurs M.-L. Martinez et B. Cyrulnik, université de Rouen-Normandie, 2018.
2. Allen P., Land D., « Attachment in adolescence », *in* J. Cassidy, P. R. Shaver (dir.), *Handbook of Attachment. Theory, Research, and Clinical Applications*, New York, The Guilford Press, 1999, p. 319-335.

mariage. Quand un père menait sa fille à l'autel pour la donner à un homme avec l'accord de Dieu et de la société, il ouvrait la niche de leur enfance pour permettre aux jeunes de construire leur propre foyer avec l'aide et la contrainte de l'environnement culturel. Mais l'espérance de vie, jusqu'au XXe siècle, tournait autour de 60-65 ans, il y avait peu de grands-parents. Aujourd'hui, où un jeune s'attend à une existence de 90 à 100 ans, son développement personnel est au sommet de ses valeurs morales. Les pères ne mènent plus leur fille à l'autel pour la donner à un autre homme avec qui elle maintiendra les valeurs du groupe. Ce processus d'indépendance est nécessaire pour quitter son groupe d'appartenance afin de poursuivre son épanouissement individuel. Un sentiment de sécurité et d'évidence morale organisait l'ancien contrat conjugal : un homme donne tout ce qu'il gagne à sa femme, il est responsable de son foyer. Elle renonce à tout épanouissement individuel pour se consacrer à son mari et à ses enfants. Cette règle qui socialisait nos grands-parents se transforme aujourd'hui en clôture clanique parce qu'elle empêche la découverte d'un autre groupe, d'une autre culture, d'autres valeurs morales.

Ce processus d'indépendance implique une guerre contre soi et contre ceux qui nous ont aimés et qu'on a aimés. La plupart du temps, il ne s'agit pas d'un détachement, comme on le lit souvent, mais d'un remaniement de l'attachement : on tisse un nouveau lien avec un inconnu, tout en préservant le lien avec ceux qui nous ont donné la force de les quitter. Cette évolution n'est pas toujours euphorique : « Mes parents avaient besoin de m'aimer, ils ne savaient pas vivre en dehors de l'amour parental. Je suis prisonnier de leur amour, si je les quitte, ils vont s'effondrer », disent les enfants qui parentifient leurs parents vulnérabilisés par l'alcool, l'émigration, la dépression ou une maladie grave[1]. Parfois, un jeune qui n'a pas la force de tenter l'aventure sociale s'arrange pour penser : « Vous ne m'avez pas armé pour la vie, vous voulez me garder pour vous. » Ce jeune dépendant éprouve un sentiment d'emprise. Ce vieux mot était glorieux quand il désignait « une action chevaleresque[2] » dans un contexte qui célébrait les vainqueurs : « Le prince a une emprise sur son vassal. » Aujourd'hui, ce mot a acquis une signification péjorative dans une culture qui prétend ne plus supporter les rapports de domination. Et pourtant, la relation mère-enfant est une relation d'emprise bénéfique pour le petit, qui n'a pas intérêt à échapper à l'amour maternel, et pour la mère, qui vit ce moment comme « une folie amoureuse[3] ». L'emprise est une

1. Le Goff J.-F., « Thérapeutique de la parentification. Une vue d'ensemble », *Thérapie familiale*, 2005, 26, p. 285-298. Delage M., Cyrulnik B., *Famille et résilience*, Paris, Odile Jacob, 2010.
2. Rey A., *Dictionnaire de la langue française*, Le Robert, tome 1, 2012, p. 1163.
3. Neau F., « La folie maternelle ordinaire », *Carnet psy*, 2021, 108, p. 12-14.

aventure affective souhaitée quand on désire rendre heureux l'aimé en pensant que ses désirs sont des ordres. Mais le jour où l'amour s'éteint, celui (celle) qui a accepté l'emprise se sent escroqué(e) : « Je t'ai donné mon amour et tu en as profité. » On retrouve le même sentiment de soumission désirée dans les phénomènes de foule où un chef charismatique, un chanteur, un personnage politique provoque une extase consentie… avant de déchanter.

La culture joue un rôle majeur dans la connotation affective qu'on attribue à celui (celle) qui s'empare de notre âme. Beaucoup de femmes adultes s'amusent de la fièvre amoureuse qu'elles ont jadis éprouvée pour un chanteur quand elles avaient 15 ans. Beaucoup de garçons désirent ardemment suivre un leader politique dont ils connaissent à peine le projet mais qui a enflammé leur esprit par un discours, une belle photo d'aventurier, une barbe virile, un écusson mystérieux, un béret ou une chemise de baroudeur. Toute culture fournit des images de candidats à l'empire des sens : un chevalier au Moyen Âge, un industriel self-made au XIXe siècle, un soldat héroïque, un footballeur ou toute personne capable de mettre le feu à nos désirs.

Délirer selon la culture

J'ai bien connu Napoléon. J'en ai même connu plusieurs quand je travaillais dans les hôpitaux psychiatriques. Ces hommes éprouvaient un grand bonheur à se faire croire qu'ils étaient quelqu'un qu'ils n'étaient pas. Les délires napoléoniens ont disparu après Mai 68 parce que ce personnage grandiose ne correspondait plus à l'imaginaire collectif. Dans ce nouveau contexte culturel d'autres héros donnaient forme à de nouveaux récits collectifs. Les sauveurs religieux ou militaires ont cédé la place aux délires de machines. Le triomphe de la biologie et l'envahissement par les robots ont occupé la vie quotidienne. La « pilule », légalisée en 1969, a libéré les femmes (et les hommes) de l'angoisse de maternités non désirées. Mais cette libération a entraîné une modification de l'image du corps des femmes, qui a abandonné le sacré pour entrer dans la biologie : courbes de température, sécrétions hormonales, stimulations médicamenteuses, explorations gynécologiques. En quelques décennies les machines ont envahi les foyers, la télévision a engourdi les soirées, les voitures ont augmenté les trajets, les robots transforment les travailleurs de la maison en ingénieurs domestiques et les smartphones composent aujourd'hui un monde virtuel qui améliore les communications et altère les relations.

La fascination pour Napoléon est remplacée par l'emprise des journalistes : « De quel droit racontent-ils ce qui se passe dans mon intimité ? » s'indignent les nouveaux délirants. « Pourquoi leurs machines m'envoient-elles des ondes qui me font faire ce que je n'ai pas envie de faire ?... Pourquoi la belle Adèle établit-elle avec moi une relation d'emprise ?... Je suis victime du viol de ma vie privée... Elle est tellement belle, tellement forte et tellement convaincante lorsqu'elle parle qu'elle me manipule dans ses émissions de philosophie... Il ne se passe pas un jour sans qu'elle me harcèle, elle fait des allusions à ma vie privée avec ses œuvres d'art... À cause de son emprise je n'ai droit à aucune intimité... Si brillante soit-elle, elle est immorale quand elle me piétine... » Adèle a succédé à Napoléon, parce qu'elle donne forme aux thèmes actuels de notre culture : le triomphe des machines et l'épanouissement des femmes.

Après avoir bénéficié de l'emprise de notre mère, de sa langue et de sa culture, nous subissons l'emprise des machines et des femmes qui structurent un nouveau discours collectif. Les soldats de l'Empire se taisent, les ouvriers de Zola n'ont plus le monopole de l'héroïsme, le sentiment d'appartenir à un groupe nouveau modifie l'identité sociale. On assiste même au retour de l'identité ethnique que l'on espérait amoindrie : « On se sent moins noir dans un groupe de Noirs, puisqu'on a tous la même couleur de peau. Alors, excluons les Blancs puisqu'en leur simple présence nous nous sentons trop noirs. »

Le sentiment d'appartenance est nécessaire, délicieux et dangereux : « Je me sens bien, paisible et fort en présence de ceux auxquels je m'attache. Nous parlons la même langue, nous portons les mêmes vêtements, nous arborons les mêmes insignes, nous adoptons le même style de coiffure, de moustaches ou de barbes, afin de composer des repères d'appartenance. » Tous ensemble, nous créons une situation paradoxale mais non contradictoire. Nous avons besoin des autres pour nous donner la force de devenir nous-mêmes.

La doxa occidentale glorifie l'autonomie à laquelle nous ne pouvons accéder que si les autres nous étayent et nous renforcent. Quand je reçois l'empreinte des autres, je me sens identifié, ce qui me donne le courage de poursuivre mon évolution personnelle. Quand ils ne sont pas là, autour de moi, pour s'imprégner dans ma mémoire, je me sens mal identifié, je sais mal qui je suis. Dans un monde sans altérité, je ne peux que me centrer sur moi-même, je suis incapable de prendre un cap. Comme j'ai accès au monde des mots, je dois aussi partager les représentations des autres. Ils me racontent des mondes invisibles, des histoires passées, des rêves à venir et, comme je les aime bien, j'ai envie de les croire afin de continuer à me sentir à l'aise auprès d'eux. Le partage d'une croyance médiatisée par des récits fait voir le monde que nous habitons ensemble. Je me sens apaisé quand je les vois et que je vois le monde qu'ils me font voir avec leurs mots. Le partage d'une croyance est encore plus solidarisant que l'interaction d'un corps-à-corps, d'une étreinte ou d'une bise affectueuse.

Quel dommage que cet énorme bénéfice ne donne à voir que le monde éclairé par quelques mots. Quand les récits ignorent les autres cultures et les autres croyances, ils isolent le croyant et l'enferment dans un délicieux délire. Quand la connaissance se réduit à la récitation de la doxa du groupe, elle enferme le sujet dans une cage confortable qu'il maîtrise mais qui l'éloigne de ceux qui habitent d'autres mondes. C'est ainsi que se constituent les délires logiques, cohérents et coupés des autres, c'est ainsi qu'on se prépare à la haine de ceux qui voient le monde autrement. Le moindre mot de travers sera appelé « blasphème » afin de légitimer l'exclusion puis la mise à mort de celui qui ne parle pas comme il faut.

Quand on se dit croyant, on admet l'incertitude puisqu'on reconnaît qu'on ne peut que croire et non pas savoir. Mais quand il n'y a plus de doute et que le récit devient dogmatique, on trouve des justifications morales pour imposer sa vérité. « Il faut être fou pour ne pas croire ce que je crois », dit le paranoïaque. « Celui qui ne croit pas comme moi est un agresseur puisqu'il bouscule mes croyances en les mettant en doute, il désorganise les dogmes qui charpentent mon monde. Je suis en légitime défense quand j'envoie une lettre de dénonciation au commissariat, quand je fais mettre en prison mon agresseur, quand dans ma grande tolérance je le fais déporter et rééduquer et quand parfois je suis obligé de le faire fusiller. » Ainsi pensent ceux qui ont transformé leurs croyances en certitudes.

Pourrait-on vivre sans croyance, sans représentation de ce qu'on ne peut percevoir ? On vivrait dans l'immédiat : respirer, dormir, manger, juste pour le bonheur de la consommation. Il se trouve que notre aptitude à la parole nous rend capables de ressentir dans notre corps la merveille ou l'horreur qu'évoque un monde invisible : « Il te suffit de faire un geste et trois paroles pour être lavé de tes péchés. Mais, si tu refuses de te soumettre à nos métaphores, tu seras maudit pendant trois générations et ta faute fera souffrir tes enfants. » Le croyant reconnaît la possibilité du doute, puisqu'il avoue qu'il croit, mais quand cette croyance se transforme en récitations la parole devient une arme qui réduit l'autre au silence.

Dans toute population, certaines personnes éprouvent le plaisir du doute qui invite au questionnement. Mais dans la même population vivent ceux pour qui la certitude est une sécurité. Comment voulez-vous qu'il n'y ait pas de guerre ? L'incertitude invite à la recherche d'une autre possibilité, un voyage, une rencontre qui nous fera changer d'avis. « Cette procédure est parfois torturante[1] », mais elle est évolutive. Alors

1. Astor D., *La Passion de l'incertitude*, Paris, Éditions de l'Observatoire, 2020, p. 16.

que les adorateurs de la certitude pétrifient la pensée. Les évolutionnistes érotisent le doute, la surprise, l'inattendu, ils acceptent l'angoisse inhérente à l'existence. Les fixistes préfèrent la paix, celle qui dit la vérité totale, la seule, celle du chef, de l'esprit supérieur auquel il suffit d'obéir pour accéder au pouvoir et imposer sa loi afin que l'ordre règne. Comment voulez-vous qu'il n'y ait pas de guerre ? Le doute pathologique empêche les obsessionnels d'agir parce qu'ils sont à la recherche de la certitude absolue : « J'ai nettoyé la poignée de porte, mais je crois qu'il reste des microbes. Je dois recommencer. » « Je ne suis pas certain d'avoir fait le bon choix : vérifions. » Un tel doute empêche toute décision. Le doute obsessionnel empêche la vérité, alors que le doute évolutionniste découvre plusieurs vérités : « C'est vrai aujourd'hui, dans ce contexte, mais demain dans un autre contexte… ? » L'obsessionnel se retrouve immobile à force de vérifier, tandis que l'explorateur se retrouve mobile à force d'aller voir ailleurs. Les chemins de la vérité sont différents.

Croire au monde qu'on invente

Viktor Frankl à propos de Nuremberg ne voulait pas de ce procès, il préférait chercher à comprendre le monde mental de ces incroyables criminels. La haine en s'emparant de sa conscience aurait empêché de découvrir l'autre monde des nazis : « Comment est-il possible de commettre un tel crime sans éprouver de culpabilité ? » Mais il fallait pour cela que Viktor ait acquis, avant Auschwitz, des facteurs de protection qui lui donnent le plaisir d'explorer le monde. Hannah Arendt à Jérusalem découvrait que derrière l'apparence du petit monsieur Eichmann se cachait un grand criminel. Elle continuait à estimer Heidegger, immense philosophe, membre du comité central du parti nazi, et reconnaissait que certains Juifs avaient collaboré avec le nazisme. Dans les années d'après-guerre, son mari et ses amis avaient besoin de certitudes : « Le nazisme, c'est le mal... Les Juifs sont des innocents assassinés. Voilà, c'est clair », disait son mari. « C'est clair, mais ce n'est pas totalement vrai », ajoutait Hannah qui, pour cette nuance, a été haïe par ceux qu'elle aimait. « Le sentiment d'appartenir à un mouvement d'ensemble permet de surmonter la malédiction de la solitude. Un autre avantage vient de ce que l'on possède des certitudes, on connaît la réponse à toutes les questions, au lieu de fluctuer au gré des hésitations, ou se morfondre en proie aux doutes[1]. » Le bénéfice de la pensée de masse, c'est de se sentir tellement en accord avec le groupe qu'on éprouve soudain l'impression de comprendre.

1. Todorov T., *Mémoire du mal, tentation du bien. Enquête sur le siècle*, Paris, Robert Laffont, 2000, p. 109.

« C'est vrai puisque tous ceux que j'aime le disent en même temps. » Ce moment merveilleux évoque la relation d'emprise amoureuse d'une mère et de son enfant ou d'un chef avec son groupe. Merveilleux piège de la pensée.

Alfred Adler, dans un contexte culturel qui mettait en lumière le surhomme, soutenait tranquillement que « tous les aspects d'un être représentent une valeur, [...] une forme déviante peut être créative. [...] Se sentir humilié peut justifier une réplique de défense[1]. » Ces pensées « contre-doxales » renforcent l'authenticité du penseur. Les fixistes, au contraire, finissent par perdre toute authenticité puisqu'ils ne font que réciter les slogans du groupe. On sait tellement ce qu'ils vont dire que ce n'est plus la peine de parler, il suffit de scander avec eux pour se sentir unis. Le renoncement au travail de la pensée apporte le bénéfice du moindre effort. Le groupe est solidarisé quand tout le monde parle pareil. L'engagement dans une chorale facilite l'extase car les émotions sont plus vives quand elles sont ressenties dans un groupe. Je me souviens d'une expérimentation où le scientifique[2] avait demandé à quelques personnes l'autorisation de les filmer pendant qu'on leur montrait des séquences de torture, de comique, de désespoir ou d'érotisme.

1. Adler A., *Un idéal pour la vie*, Paris, L'Harmattan, 2002, p. 124.
2. Frey S., « Émotion observable en éthologie », *Synapse*, numéro spécial, mars 1991, p. 33-38.

Quand ces personnes étaient seules, leur visage était inerte, mais il suffisait qu'un compère vienne s'asseoir à leur côté, sans un mot, pour qu'aussitôt apparaissent les mimiques correspondant aux scènes de supplice, de gaieté, de tristesse ou de volupté. La simple présence muette d'un autre facilitait l'expression des émotions. C'est triste d'aller au cinéma tout seul, mais en couple ou en groupe, les émotions sont intenses. C'est peut-être ce qui explique que les fixistes s'engagent facilement dans des manifestations de masse où la répétition de formules toutes faites, de cris, d'applaudissements et d'indignations vertueuses provoquent des extases dépourvues de raison. Au contraire même, en évitant le travail de la réflexion, le groupe fonctionne mieux, l'ivresse est plus rapide.

Hannah Arendt se méfiait du sentiment d'appartenance : « Je n'ai jamais aimé aucun peuple, ni aucune collectivité, ni le peuple allemand, ni le peuple français, ni le peuple américain, ni la classe ouvrière, ni rien de tout cela. J'aime "uniquement" mes amis et la seule espèce d'amour que je connaisse et en lequel je crois est l'amour des personnes[1]. » Hannah ne peut pas aimer une catégorie qui schématise la pensée. Elle ne peut pas dire : « J'aime l'ouvrier… j'aime l'Allemand. » Mais elle aurait pu dire : « J'aime cet homme qui est

1. Dialogue épistolier de Hannah Arendt avec Gershom Scholem. Scholem G., *Fidélité et utopie. Essai sur le judaïsme contemporain*, Paris, Calmann-Lévy, 1994, p. 217-222, cité *in* A. Wieviorka, *Mes années chinoises*, Paris, Stock, 2021, p. 28.

ouvrier… j'aime cet Allemand avec qui je réfléchis bien. » Hannah se sert de sa pensée comme un paysan, un laboureur qui sait quand une terre est grasse ou sablonneuse parce qu'il a établi avec elle un commerce charnel, il l'a sentie sous ses pieds, il l'a palpée avec ses doigts, il a reniflé son odeur, ce qui lui a procuré une connaissance sensorielle, concrète, matérielle. Un tel savoir authentique, ressenti dans son corps alimente une représentation : « J'ai connu la faim… j'ai été marqué par le désespoir… j'ai été touché dans ma chair et dans ma mémoire et j'en ai extrait une expérience enracinée dans le réel » : « Une terre grasse convient aux pommes de terre, mais les agrumes poussent mieux dans une terre sablonneuse… La faim paralyse la pensée… Le désespoir invite à la rêverie afin de ne pas consentir à la mort. » Ce mode de connaissance est celui des cliniciens qui doivent palper un ventre pour sentir la plaque douloureuse d'une appendicite. C'est une sémiologie de laboureur qui enracine ce mode de connaissance.

Parfois l'expérience n'a pas besoin de terre. Ceux qui rencontrent Dieu éprouvent un savoir noétique, une révélation qui les fait accéder à la spiritualité. Une telle connaissance est provoquée par une extase autant que par une angoisse. Ils rencontrent Dieu comme une évidence invisible. Je sais qu'Il existe et qu'Il me protège, parce que je me sens heureux depuis que je crois en Lui, ce « Dieu caché au fond de moi[1] ». L'extase des fixistes provient du fait d'être ensemble où chacun exalte l'émotion du voisin, comme elle peut résulter de la rencontre soudaine avec une entité invisible que l'on ressent au fond de soi. Il faut prier ensemble, chanter, applaudir, s'indigner et adorer celui qui a bien voulu se révéler. Un tel amour cimente le groupe comme une belle haine unit ceux qui attribuent le Mal à un bouc émissaire. Les fixistes aiment la fièvre des visions claires que provoquent l'amour du Même et la haine de l'Autre. Lors des manifestations de masse, l'émotion exacerbée prépare à l'action qui freine la réflexion.

La soumission à la pulsion est une source de bonheur pour les gosses des quartiers déculturés : « Tu as vu mon courage quand j'ai affronté le flic ? » Ils sont fiers de leur passage à l'acte quand ils habitent une idée trop claire, trop bien dessinée donc coupée du réel qui, lui, est toujours un peu sale, un peu ambivalent : « Tous ensemble, nous obéissons à une représentation qui nous donne la forme du chevalier du Bien, autorisé à mettre à mort ceux qui ne pensent pas comme nous. » La soumission donne un grand bonheur à ceux qui se rendent à des spectacles de masse (opéra, discours politiques ou football) pour se faire galvaniser par des clichés scandés jusqu'à en perdre la tête. À force de

1. Frankl V., *Le Dieu inconscient. Psychologie et religion*, Paris, InterÉditions, 2012, p. 47.

versifier les mêmes formules, on finit par y croire, toute nuance aurait empêché l'abusive clarté du fanatique[1].

J'appartiens à la famille mentale de Hannah Arendt. Quand elle décrit un homme transparent qui se met au boulot dans son bureau pour éradiquer le Juif, elle ne voit pas un monstre qui assassine, elle dessine un fonctionnaire qui habite l'idée qu'il se fait du Juif et croit faire le bien en organisant la mise à mort de centaines de milliers de personnes.

Délire logique : postulant que le Juif est responsable du malheur du monde, croyant que la parole du Führer est sacrée, il devient logique d'éradiquer le mal et de participer à un travail d'hygiène sociale. Il est possible de remplir un dossier, taper à la machine et signer un ordre administratif sans se représenter le réel qui va s'ensuivre : la mort par gaz, fusil, famine, typhus et pourriture de millions de personnes. Quand on accepte comme une parole intouchable la vérité venue d'un chef religieux, idéologique ou scientifique, il n'y a ni évaluation ni culpabilité : l'ordre règne. Et quand la réalité devient insupportable, on évite les mots qui auraient permis de la voir.

Nous croyons tellement au monde qu'on invente que nous l'habitons en toute conviction. L'appréhension sensible des événements fait comprendre pourquoi 60 % des Juifs convoqués le 14 mai 1941 dans les

1. Birnbaum J., *Le Courage de la nuance*, Paris, Seuil, 2021, p. 27.

commissariats pour « examen de situation se sont rendus à la convocation… Dans les wagons de leur dernier voyage, la plupart voulaient encore croire qu'on les emmenait travailler à l'Est[1] ». Le fait d'éviter de juger afin de mieux se soumettre à un récit coupé de la réalité apporte un grand bénéfice : on ne craint plus rien, on est tous ensemble et on éprouve l'illusion du bien-être[2].

Le frère de mon père était fou de bonheur à l'idée de vivre en France. Ingénieur chimiste, il avait monté une équipe de football pour jouer avec les ouvriers de la cimenterie. Il préparait un doctorat de littérature française juste pour le plaisir de côtoyer les grands auteurs. Quand un voisin lui a dit : « Monsieur Léon, n'allez pas au commissariat », il s'est fâché en disant : « Je suis en France, le pays des droits de l'homme. » Il a été au commissariat, on ne l'a jamais revu. On a trouvé son nom sur une archive d'Auschwitz.

Je me demande si je n'ai pas bénéficié de cette protection par le délire logique. Le soldat en uniforme noir qui me montrait la photo de son petit garçon, voulait-il vraiment partager un moment affectif avec moi ? L'officier qui m'avait vu, caché sous le corps de la dame mourante et avait donné le signal du départ, m'avait-il vraiment vu ? J'ai un souvenir d'image, confirmé par Mme Descoubès, l'infirmière

1. Mercier A., *Convoi n° 6*, Paris, Le Cherche Midi, 2005, p. 18.
2. Taylor S. E., Brown J. D., « Illusion and well-being : A social psychological perspective of mental health », *Psychological Bulletin*, 1998, 103 (2), p. 193-210.

qui m'avait vu parler avec l'Allemand en uniforme noir, et par Mme Blanché, la dame sous laquelle je m'étais enfoui, mais j'ai connoté ces images d'une intention humaine que ces soldats n'avaient peut-être pas, mais dont, moi, j'avais besoin pour supporter un tel réel. Je lis souvent dans la presse psychologique qu'il faut avoir des idées positives pour se sentir mieux malgré le malheur. La perception claire de soi serait un signe de santé mentale. Je me demande si un délire logique n'aurait pas un effet plus protecteur. Mes souvenirs précis entourés d'une connotation arrangée (celui qui voulait ma mort aimait parler avec moi... le capitaine m'a vu et a donné le signal du départ) m'ont aidé à ne pas désespérer, à croire à la bonté humaine et à reprendre un développement pas trop persécutif. Je me suis fait croire que le monde n'est pas totalement cruel et qu'il y a toujours quelque chose à espérer.

Eichmann avait certainement du plaisir à croire en la parole du guide qui savait d'où venait le mal. Le Führer commandait à Eichmann de réaliser les rêves auxquels il aspirait depuis son enfance. On se laisse soumettre par celui qui nous impose sa loi pour notre plus grand profit[1]. On se soumet avec bonheur au dictateur qui nous ordonne de réaliser nos plus noirs

1. Chaignot N., *La Servitude volontaire aujourd'hui. Esclavages et modernité*, Paris, PUF, 2012.

désirs[1]. Notre besoin d'appartenir nous rend complices des tyrans qui nous asservissent. Il est précoce l'âge où l'on est avide de manger du vent : « J'entrai à l'école primaire en 1938, quatre ans plus tard le service obligatoire dans les Jeunesses hitlériennes m'attendait. [...] L'environnement politique, l'endoctrinement quotidien et une propagande raffinée étaient tels que garçons et filles de mon âge aspirèrent au port de l'uniforme qui, dans le cas des garçons, comportait une dague fièrement portée sur le côté. [...] Le sport, la camaraderie, les chants et le kriegspiel [jouer à la guerre] préparaient sournoisement au front [russe] qui nous était destiné et répondait aux attentes d'un jeune en quête d'idéal[2]. »

Oscar Levit est né d'un père juif et d'une mère protestante. Pour le protéger on ne lui dit pas que le monsieur qui vient voir sa mère est son père. C'est donc avec bonheur que l'enfant s'est engagé dans l'éducation nazie. Ce processus est habituel, c'est ainsi qu'on a asservi les gardes rouges maoïstes, les Hitlerjugend, les janissaires enfants volés aux parents chrétiens pour servir le grand seigneur turc, les djihadistes et tous les esclaves volontaires des causes extrêmes. Quand une culture est un désert de sens, le besoin d'un idéal et d'une appartenance étaye une personnalité en cours de construction. Un beau récit fera l'affaire. Mais les

1. Cyrulnik B., « Préface », *in* Collectif, *Le Petit La Boétie illustré*, Vitrac (Dordogne), Les Éditions du Ruisseau, 2020.
2. Mercier A., *Convoi n° 6*, *op. cit.*, p. 156.

mots ne sont pas les seuls à transporter une signification. Un paralangage, un style théâtral, une mise en scène grandiose réalisée par des mouvements de foule dégagent une impression d'harmonie et de puissance. Des oriflammes, des orchestres, des tambours, des trompettes et des canonnades embarquent ces jeunes. Ils ne peuvent résister à une belle mise en scène qui enfle l'émotion et dévalue la raison.

Le goût pour l'asservissement est une caractéristique du monde vivant. On ne peut exister qu'avec les autres : les arbres envoient des signaux chimiques et thermiques, les poissons se déplacent en bancs, les oiseaux en vols, les mammifères en groupes organisés et les êtres humains ajoutent à ces causes organiques des déterminants narratifs qui assurent encore mieux la cohésion du groupe. Quand on parle la même langue avec le même accent, quand on chante les mêmes slogans, on se sent délicieusement intégré dans le groupe. Mais « celui qui encourage une compréhension exclusivement personnelle à l'épanouissement de soi… va à l'encontre de tout engagement envers la société[1] ». À mort, le briseur de charme ! En préservant sa liberté intérieure, en pensant par lui-même, il se désolidarise du bienfait affectif qu'apportent les slogans.

1. Taylor C., *Le Malaise dans la modernité*, Paris, Cerf, « Lexio », 2015, p. 51.

Colorer le monde qu'on perçoit

La connotation affective de la perception du réel s'acquiert lors de notre petite enfance quand la niche sensorielle des 1 000 premiers jours imprègne dans notre psychisme un sentiment de plaisir à vivre lorsqu'elle est stable et structurée. L'enfant va acquérir un goût amer du monde quand cette niche est pauvre ou violente[1]. Ainsi façonné par son milieu précoce, notre appareil à voir et à sentir le monde a acquis une aptitude à sélectionner les informations qui construisent sa réalité. Quand un malheur familial ou social a appauvri la niche sensorielle des 1 000 premiers jours, l'enfant insécurisé perçoit comme une alerte tout ce qui vient du monde extérieur. Si le petit a été précocement sécurisé, il ressent la même information comme un jeu ou une invitation à explorer. Quand les enfants arrivent à l'âge où ils deviennent capables de donner une forme verbale au monde qu'ils perçoivent, ceux qui ont été insécurisés composent des récits de persécution où ils expriment leur manière de ressentir le monde. Si ces jeunes demeurent isolés, leur monde douloureux prend la forme d'une paranoïa : ils souffrent,

1. Smith J. (dir.), *Le Grand Livre des 1 000 premiers jours de vie*, Paris, Dunod, 2021. Et Collectif, *Les 1 000 Premiers Jours. Là où tout commence*, ministère des Solidarités et de la Santé, 2020.

ils s'indignent d'être persécutés alors qu'ils sont innocents, ils se rebellent par un acte de légitime défense qui les mène à agresser et parfois tuer celui à qui ils attribuent leur mal-être. Alors, ils s'entraînent à réciter des formules toutes faites qui expriment leur désolation et leur animosité envers celui par qui le malheur arrive : le riche, l'élite, l'entreprise, le système qui s'est emparé du monde. « On se sent mieux depuis qu'un sauveur, un philosophe, un savant nous a fait comprendre que notre malheur vient des sorcières… des Juifs… des Arabes… des étrangers… de ceux qui ne pensent pas comme nous. » Un tel récit possède un pouvoir explicatif, cohérent, renforçateur et bienfaiteur, même s'il ne repose sur aucun fait réel. Les groupes de malmenés bénéficient de ces délires logiques, coupés du réel mais tellement réconfortants que leur cohérence verbale crée « une illusion bienfaitrice[1] ». Désigner un agresseur provoque un étrange bien-être, une bonne opinion de soi, une clarté qui n'a pas besoin de validation. Le courant qui emporte ces idées suffit à donner du bonheur aux mangeurs de vent qui se nourrissent de phrases toutes faites.

Les laboureurs qui ont les pieds sur terre construisent une réalité différente. Leur savoir laborieux est arraché au réel comme l'expérience du maquignon qui est le

1. Taylor S. E., Brown J. D., « Illusion and well-being : A social psychological perspective of mental health », art. cit., p. 195.

seul à voir que son cheval boite. Ceux qui, auparavant, avaient acquis une paisible confiance en eux se plaisent à l'argumentation. Mais ceux qui ont acquis un goût amer du monde ne sont apaisés que par les certitudes que donnent les délires logiques. Ils aiment s'agripper aux énoncés sans preuves. C'est pourquoi l'argumentation porte sur l'énonciation plus que sur l'énoncé, sur la manière de dire plus que sur ce qui est dit. La musique des mots, le théâtre des gestes ont un pouvoir d'exaltation supérieur à celui des idées. Bien dire est un art qui entraîne la conviction, alors que l'austère raison n'emporte pas le pompon.

J'imagine qu'à l'époque de M. et Mme Sapiens, il y a 300 000 ans quand on vivait dans des clans d'une trentaine de personnes et qu'on mourait à 30 ans, les accouplements étaient nombreux mais les couples rares. Quand un enfant arrivait, le groupe s'en occupait, on n'avait pas besoin de savoir qui était le père. La notion de père est arrivée quand le groupe s'est agrandi et que l'enfant a dû repérer quelques figures familières autour de lui. Personne, c'est personne, mais trop de personnes, c'est personne aussi. Le nombre empêche la personnalisation. Alors est apparue la notion de famille qui, succédant au clan, a individualisé le père. « C'est lui qui a fait le coup », a dit Mme Sapiens, et le groupe a responsabilisé cet homme désigné : « Puisque tu as planté cet enfant dans madame, tu dois t'en occuper. »

Dans les temps anciens dans les villages, l'archipellisation dont on parle aujourd'hui existait sous forme de familles calfeutrées dans leur maison. Certains groupes familiaux, protecteurs et contraignants, s'harmonisaient autour de la loi du père. Mais quand certaines familles vivaient dans une violence extrême, tout le monde dans le village fermait les yeux afin de continuer à vivre en paix. On sait, mais on évite de prendre conscience, ce qui explique le déni.

Quand l'industrie est apparue (fin XVIIIe-XIXe siècle), elle s'est associée avec le capitalisme pour donner le pouvoir aux hommes entreprenants, riches et autoritaires. Il a fallu des mots pour justifier ce pouvoir. Le Code Napoléon (1804) a donné une forme légale qui a structuré les familles pendant presque deux siècles en Occident. Les chefs de famille ont été décrits comme des hommes forts, intelligents, autoritaires, parfois trop, mais admirés quand même. Les femmes étaient racontées jolies, fées du logis, mères adorées, incapables de faire la guerre ou de descendre au fond des mines, ce qui définissait le sexe faible.

Alors qu'*Homo habilis* est sur terre depuis deux millions et demi d'années, la technologie s'est d'abord manifestée par le silex taillé, la domestication du feu, la fabrication des armes et des machines agricoles. Puis, en deux siècles (XIXe et XXe siècles), elle a explosé, créant ainsi une nouvelle manière de devenir humain. Sont alors apparus deux discours : celui des techniciens qui expliquaient comment construire une machine et celui des idéologues qui cherchaient des raisons pour légitimer la domination des propriétaires d'appareils de production.

Depuis le XXIe siècle on parle de fonds de placement, de jeux de Bourse et d'assurances retraites. Ces nouveaux mots désignent des organisations abstraites, des papiers, des chiffres et des courbes sur des écrans qui évoquent les entités invisibles qui nous gouvernent. Les détenteurs de ce nouveau pouvoir ne sont plus les hommes forts de l'agriculture ou des usines, ce sont « ceux qui ont la maîtrise de l'information utile : les stars du Gafam, les dirigeants d'entreprise, les experts, les gestionnaires[1] ». On est loin des chasseurs-cueilleurs, des producteurs de biens et des commerçants qui ont les pieds sur terre. Le pouvoir, désormais, appartient aux « logocrates » qui savent faire parler les ordinateurs. La magie de la technologie nous fait vivre dans un monde désincarné qui dévoile une réalité virtuelle où les émotions ne sont plus déclenchées par le corps des autres, par leurs sourires, leurs colères et leurs mots, mais par des signes abstraits qui représentent le monde. Ce processus renforce le « délire logique » où ce qui est dit est cohérent, bien agencé mais coupé des perceptions réelles.

Quand les hormones ont été découvertes au début du XXe siècle, personne ne les a vues, il suffisait d'y

1. Seys J.-C., « Billets d'humeur », *Institut Diderot*, 5 juillet 2021.

croire et de faire confiance aux revues scientifiques. Le mot « hormone » a suffi pour expliquer les différences entre les hommes et les femmes, ce qui a aussitôt induit l'idée que, puisque les femmes changeaient d'hormones au cours de leur cycle (folliculine puis progestérone), il ne fallait pas leur donner le droit de vote car elles risquaient de changer d'opinion en cours de cycle. Aujourd'hui, les femmes qui accèdent au pouvoir tiennent le même raisonnement ridicule. Elles croient que la testostérone rend les hommes brutaux, ce qui explique leurs mauvaises manières politiques : « Il y a trop de testostérone à l'Assemblée », a dit la directrice du Fonds monétaire international.

La clinique serait-elle plus fiable que la science ? Depuis qu'une littérature raconte que les jeunes peuvent choisir leur genre, un nombre croissant de préadolescentes prennent des doses élevées de testostérone. Elles constatent que leur voix devient grave, leurs règles disparaissent et que du poil pousse sous leur nez[1]. Ces jeunes femmes témoignent d'un nouveau bien-être, elles prennent confiance en elles, se stabilisent émotionnellement, sont moins dépressives et expriment plus facilement leurs désirs sexuels. Est-ce à l'hormone mâle qu'elles doivent cette amélioration ou est-ce à la représentation qu'elles se font

1. Bosom M., Medico D., « Ma première année sous testostérone : analyse de l'expérience trans à travers des chaînes YouTube », *Sexologies*, 2021, 30 (2), p. 94-99.

d'elles-mêmes ? Quand, se sentant mâle grâce à leur voix grave et à un poil sous le nez, elles éprouvent enfin une congruence entre leurs corps qui se masculinise et le désir de ne plus appartenir au sexe qui les désole : « Moi fille, je deviens enfin celui que je rêvais d'être. » Un indice clinique, un dosage hormonal alimentent une représentation qui agit sur l'humeur alors qu'elle n'a peut-être qu'une réalité de papier. Il n'y a pas de preuves qu'une augmentation de testostérone rend les femmes plus heureuses.

En revanche, on démontre sans peine qu'un beau discours peut émouvoir ou mettre en colère. Seriez-vous capable de lire sans émotion ces mots adressés par un père à sa fille qui s'est noyée ?

> « Demain, dès l'aube, à l'heure où blanchit la campagne,
> Je partirai. Vois-tu, je sais que tu m'attends.
> [...] Je ne puis demeurer loin de toi plus longtemps [...]
> [...]
> Et quand j'arriverai, je mettrai sur ta tombe
> Un bouquet de houx vert et de bruyère en fleur. »

Quand Victor Hugo est sorti de son hébétude après la mort de sa fille Léopoldine, il a éprouvé le besoin d'en parler pour la faire vivre encore un peu, dans sa mémoire et dans son cœur. Ces quelques mots ont agi sur l'âme d'un très grand nombre de lecteurs bouleversés. Ce qui ne veut pas dire qu'une hormone, ou une substance stimulante ou déprimante, ne peut pas, elle aussi, modifier l'humeur.

> « Il pleure dans mon cœur
> Comme il pleut sur la ville.
> Quelle est cette langueur
> Qui pénètre mon cœur ? »

Verlaine avec ces mots donne forme à une tristesse sans raison, un sentiment accablant dont il ignore l'origine.

> « C'est bien la pire peine
> De ne savoir pourquoi
> Sans amour et sans haine
> Mon cœur a tant de peine. »

Donner forme verbale au réel et à ce qu'on sent

Les psychanalystes nomment ce phénomène « rationalisation », quand un sujet qui soudain se sent triste sans raison donne une forme verbale à son accablement. C'est un « procédé par lequel une personne déprimée cherche à donner une explication cohérente… à un sentiment dont les motifs véritables ne sont pas aperçus[1] ». On est loin de la pensée du laboureur qui parle de ce qu'il sait (*labeur* = travail, *orare* = parler). « Je perçois que la terre est sèche, donc je me représente que les grains de blé seront petits », pourrait-il dire. Quand on rationalise, on ne sait pas pourquoi on est séduit ou repoussé par une personne ou par une théorie. Ignorer l'origine d'une attirance ou d'une répulsion n'empêche pas de lui donner une forme raisonnable, cohérente.

On peut ainsi se convaincre soi-même et entraîner ceux qui rationalisent comme nous en affirmant qu'on tient la vérité. Notre discours cohérent permet de réciter, tous ensemble, les mêmes rationalisations : « Ce que je dis est vrai puisque j'emploie les mêmes mots que cet homme que j'admire », pourrait dire le mangeur de vent.

La rationalisation, qui donne l'illusion de comprendre, révèle en fait la manière dont nous éprouvons le réel[2]. Un discours rationalisateur ne parle pas du réel, il raconte l'impression que ce réel fait en nous. Certains propos sont de longues plaintes où le sujet ne cesse de trouver des raisons pour expliquer son mal-être, mais ces raisons ne sont pas les causes. D'autres exposés sont des règlements de compte où l'auteur

1. Laplanche J., Pontalis J.-B., *Vocabulaire de la psychanalyse*, Paris, PUF, 1973, p. 387.
2. Nesse R. M., *Good Reasons for Bad Feelings. Insights from the Frontier of Evolutionary Psychiatry*, New York, Dutton, 2019.

parle pour se venger du malheur qu'il attribue à un autre. Certains enchaînements de souvenirs composent des plaidoyers que l'on appelle « autobiographies ». Et un grand nombre de déclarations politiques constituent un symptôme de désir totalitaire. L'Iran des ayatollahs, la Russie de Poutine et la Turquie d'Erdoğan racontent une même histoire[1] : il était une fois un chef dont l'intelligence infaillible avait sauvé du chaos un peuple asservi par des riches méchants. Le chef se disait investi d'une mission libératrice. Il parlait la langue du peuple, promettait des rêves exaltants, prédisait une aventure enthousiasmante qui allait délivrer le peuple de l'humiliation des dominants et de la corruption des puissants. Ces arguments n'étaient pas faux, mais les phrases prenaient un effet sécurisant en projetant de la lumière sur un sentiment de malaise. Grâce à ces énoncés la brume s'éclairait, on sortait du chaos, on faisait des projets, on repérait l'ennemi extérieur, un immigré de préférence, ou un ennemi proche, un voisin en qui on avait confiance, ce qui lui avait permis de nous escroquer. L'indignation était la réaction normale, adaptée à un tel récit, et le chef qui nous avait montré la voie ordonnait la conduite à tenir pour lutter contre les agresseurs. Nous obéissions aveuglément, nous étions tellement convaincus de sa véracité

1. Bozarslan H., *L'Anti-démocratie au XXIe siècle. Iran, Russie, Turquie*, Paris, CNRS Éditions, 2021.

que notre conformisme déclenchait un processus social qui n'avait pas besoin de lois pour se réaliser.

Voulez-vous quelques recettes pour tenir un bon discours totalitaire ? Dites :

- Je serai votre héros.
- Je désire mourir pour vous.
- Parlez simplement, prononcez souvent le mot « peuple ».
- Placez de temps à autre une allusion vulgaire, pas trop, juste assez pour mettre un peu de sel sur vos mots et éviter l'étiquette « élite arrogante ».
- Quand vous désignerez l'ennemi extérieur (l'étranger) ou intérieur (le traître), faites des gestes illustratifs comme un chanteur d'opéra qui meurt assassiné par un collègue de scène.
- Concluez votre envolée par un slogan emphatique : « Si vous voulez vous libérer, obéissez. Votez pour moi. »

Vous constaterez que, grâce à cette recette, un grand nombre de dictateurs ont été aimés et élus démocratiquement. Un parti antiélite vient d'être créé au Pakistan[1] pérennisant la haine des clercs qui existe en France depuis que l'imprimerie papier a été inventée[2]. Réfléchir au langage totalitaire, c'est repérer les mots

1. Mohsin M., *The Impeccable Integrity of Ruby R.*, New York, Penguin Viking, 2020.
2. Al-Matary S., *La Haine des clercs. L'anti-intellectualisme en France*, Paris, Seuil, 2019.

qui s'emparent de la pensée. Tout langage du corps et de la verbalité donne forme à ce que l'on ressent bien plus qu'à ce qui est. Tout mot donne à voir le segment de monde qu'il met en lumière. On est sincère quand on se laisse embarquer par les récits qui, comme un projecteur, donnent à voir ce qu'ils éclairent. C'est pourquoi on éprouve comme une évidence la nécessité d'éliminer ceux qui ne voient pas le même monde que nous.

George Orwell a montré la voie[1], précédant de peu Hannah Arendt[2] et Albert Camus[3]. Les circonstances de la vie d'Orwell ont construit en lui un appareil à voir un monde particulier. Les mots qui viennent en tête pour décrire une situation actuelle ne sont pas ceux qui racontent le même événement passé[4]. À l'époque où les châtiments corporels étaient recommandés pour éduquer les garçons, on disait qu'il fallait les dresser, comme on dresse un animal sauvage, 80 % des adolescents battus en public se disaient humiliés. Mais quand, trente ans plus tard, on leur demandait de raconter cet événement, ils n'étaient plus que 30 % à utiliser ce mot[5]. La plupart des adultes racontaient ce souvenir en le remaniant : « Ce n'était rien, j'en ai vu

1. Orwell G., *1984*, Paris, Gallimard, 1950.
2. Arendt H., *Le Système totalitaire*, tome 3 : *Les Origines du totalitarisme* (1951), Paris, Seuil, 1982.
3. Camus A., *L'Homme révolté*, Paris, Gallimard, 1951.
4. Peschanski D. (dir.), *Mémoire et mémorialisation*, Paris, Hermann, 2013.
5. Offer D., Offer M. K., Ostrov E., *Regular Guys. 34 Years Beyond Adolescence*, New York, Springer, 2004.

d'autres. » Le simple cours de la vie avait modifié la représentation de leur passé et le mot « humiliation » ne désignait plus le même fait.

Dans les années 1930 George Orwell est presque clochard quand, pour gagner sa vie, il envoie des chroniques hebdomadaires à la revue anglaise *Tribune*. Il y décrit la montée des théories extrêmes en les associant aux menus faits de la vie quotidienne. Quand il relit ses chroniques en 1943, il écrit : « Pour se sentir infaillible, mieux vaut ne pas tenir de journal. Feuilletant celui que j'ai tenu en 1940 et 1941, je m'aperçois que je me suis trompé à peu près chaque fois qu'il était possible de se tromper. Pourtant, je ne me suis pas autant trompé que les experts militaires[1]. » Très tôt, il emploie la notion de totalitarisme qui dit que ce langage implique non seulement l'élimination des adversaires, mais aussi l'éradication de toute vision divergente. Quand il écrit dans ses carnets sa vie quotidienne en 1931, les menus faits n'ont laissé aucun souvenir en 1941 quand le contexte en guerre ne leur donne plus une valeur adaptative. En revanche, quand il entend la montée des discours extrêmes, nazis, communistes, capitalistes et militaires, il n'y adhère pas, il ne se laisse pas griser. Cette distance verbale lui permet de garder dans son esprit ce que Hannah Arendt

1. Cité *in* Dewitte J., *Le Pouvoir de la langue et la Liberté de l'esprit. Essai sur la résistance au langage totalitaire*, Paris, Michalon, 2020, p. 35.

appellera plus tard « liberté intérieure ». Le fait d'avoir été marginal lors des années 1930 quand les nations prononçaient des discours qui préparaient la guerre avait permis à Orwell de ne pas s'engager dans une théorie extrême. En écrivant ses chroniques, remplies de faits insignifiants qui méritaient d'être oubliés, le romancier s'installait sur un strapontin d'où il pouvait assister au théâtre des totalitarismes. C'est parce qu'il était marginal qu'il a su observer comment une idée logique peut devenir folle quand elle se coupe de la sensibilité du quotidien. « La logique d'une idée se détache de ce qui est le fonctionnement des idées, et finit par adopter sa propre logique. Elle devient folle au sens où elle ne reconnaît plus les choses qui peuvent l'arrêter[1]. » Hitler n'avait pas tort quand il répétait au cours de ses meetings que l'Allemagne ne pouvait pas se reconstruire à cause du traité de Versailles (1919). Tout l'argent partait à l'étranger au titre des dommages de guerre. Les Juifs sont tout-puissants, disait-il, ils ont l'argent, le pouvoir et l'intellect, or l'Allemagne a perdu la guerre, c'est la preuve qu'ils ont trahi. Alors, reposant sur un postulat indémontrable, tout un système logique se déroulait sans que le réel vienne le nuancer : ils sont puissants… on a perdu la guerre… donc ils n'ont rien fait pour nous défendre… il est juste de les punir… de récupérer les biens qu'eux seuls

1. Bouretz P., *Qu'appelle-t-on philosopher ?*, Paris, Gallimard, 2006.

possèdent... de mettre en place un système d'idées qui légitimera l'action de la police... de les concentrer dans des camps pour les empêcher de nuire. Un tel enchaînement de raisons totalement explicatives, sans nuances ni contestations possibles, aboutit à justifier la disparition du peuple coupable. La vie quotidienne des Juifs allemands n'était jamais évoquée, ni leurs combats pour défendre l'Allemagne pendant la guerre de 1914-1918, ni leur fierté de participer à la culture germanique, ni l'origine de leur richesse. Puisqu'ils n'avaient pas le droit de posséder la terre, de construire des maisons ou d'avoir des employés chrétiens, il ne leur restait que les métiers intellectuels, la médecine, la philosophie, la musique, le droit et la banque. Les aristocrates et le clergé, ne voulant pas se salir les mains en manipulant l'argent, symbole d'excrément, confiaient leur fortune aux usuriers juifs si bien que, lorsque l'industrie s'est développée au XIXe siècle, les Juifs avaient tout pour réussir : l'argent, la connaissance des lois et le réseau international. Dans le langage totalitaire, le quotidien des Juifs n'était jamais abordé. Seul le déroulement logique de leur désir de s'emparer du monde et de leur amour de l'argent subsistait dans la parole des non-Juifs. L'homme réel devenait superflu. La pensée délirante, logique, déduite d'un postulat jamais élaboré n'était jamais « e-labourée », avait dit Rabelais[1].

1. Rey A., *Dictionnaire de la langue française*, *op. cit.*, p. 1138.

Les mangeurs de vent s'en nourrissaient parce qu'ils s'arrangeaient pour ignorer le savoir des laboureurs.

Un tel langage, coupé de la réalité sensible, construit un environnement verbal qui donne un sentiment de vérité puisqu'on l'éprouve au fond de soi : « Les Juifs complotent contre nous, ils préparent la guerre pour gagner encore plus d'argent. » Quand les persécutions quotidiennes ont institué l'horreur, il a fallu trouver des mots pour rendre supportables des actes insupportables. Ce truc verbo-émotionnel explique l'abondance des euphémismes dans les langages totalitaires. Victor Klemperer trouve de nombreux exemples où l'esprit totalitaire emploie des mots techniques pour décrire le « matériel humain », puis aussitôt après des mots anodins pour masquer les décisions terrifiantes, logiquement dérivées de ces termes techniques[1]. Quand on désigne les hommes par l'expression « matériel humain », on crée une impression de réflexion scientifique. La décision qui découle de cette représentation verbale consiste à analyser les composantes de ce matériel. Les bonnes machines seront bichonnées et les mauvaises envoyées à la casse, en toute bonne conscience. Or les mots s'imprègnent dans la mémoire, où ils laissent des traces[2]. Notre cerveau ainsi circuité par les mots entendus dans notre alentour familial

1. Klemperer V., *LTI, la langue du IIIe Reich*, Paris, Pocket, 2003.
2. Lejeune A., Delage M., *La Mémoire sans souvenir*, Paris, Odile Jacob, 2017.

et culturel devient sensible à un type d'information. On perçoit mieux la différence entre le bon matériel humain qu'on admire et le mauvais qu'on élimine. La langue amène à penser en faisant apparaître des distinctions entre les êtres humains et, lorsqu'elle est répétée sans nuances dans une récitation collective, elle est intériorisée au point de penser à la place du sujet. C'est alors que le psittacisme, la langue des perroquets, devient une illusion de pensée, une certitude qui ne désigne plus rien du réel.

Je reconnais pourtant qu'il y a en moi une composante mécanique. Mon squelette est mis en mouvement par les poulies de mes tendons. Cette formulation ne deviendra totalitaire que si je réduis ma représentation à cette vision partielle et que si j'en déduis que cette composante mécanique est totalement explicative de ma personnalité. Pour ne pas être totalitaire, il faudra que j'ajoute une autre composante, mais voilà, elle sera d'une autre nature, émotionnelle, poétique, interactive, sociale et même spirituelle. Deux dangers surgissent alors : le premier consiste à prétendre que le monde invisible de l'âme gouverne l'homme en entier. Le totalitarisme spiritualiste déclare la guerre au totalitarisme mécanicien. Le second danger vient de ceux qui veulent intégrer les visions hétérogènes de l'homme, ils seront accusés de cafouillage disciplinaire. Les laboureurs savent que les graines donnent de meilleures récoltes quand convergent la terre, l'eau, la chaleur et les saisons. Le savoir fragmentaire des scientifiques va améliorer l'étude des sols, de l'hygrométrie, de la génétique des plantes, mais les récoltes ne seront meilleures que si le laboureur intègre ces données hétérogènes.

Parler pour cacher le réel

Quand une vision partielle de l'homme prétend être totalement explicative, il faut trouver les mots et les métaphores qui donneront une représentation cohérente à partir de ces données segmentaires. Il convient alors d'adorer un chef, un prêtre, un scientifique ou un philosophe pour ressentir une sorte de révélation. Tout s'explique par l'économie, ou par la biologie, ou par l'âme ou par la politique. Choisissez la discipline qui vous convient, elle sera partiellement vraie et totalement fausse. Mais si vous parvenez à prendre place dans un groupe d'adorateurs, vous chercherez à imposer votre vérité à ceux qui ne pensent pas comme vous. Nous nous sentons bien ensemble, nous nous comprenons au moindre mot, nous habitons les mêmes croyances et, pour mieux nous reconnaître, nous portons les mêmes vêtements, les mêmes insignes, la même coupe de cheveux. Nous faisons les mêmes gestes, nous chantons les mêmes slogans, nous marchons d'un même pas, au son d'une même musique, comme un seul homme, comme des marionnettes. Quel bonheur ! Quelle sensation de puissance donne ce langage paraverbal qui ne désigne rien du réel, mais donne une euphorie exaltante ! Ceux qui ne se laissent pas embarquer par cette technique de langage se retrouvent seuls dans la foule, doutant, hésitant, réfléchissant au milieu d'un océan de convictions. Dans les années 1930, en Allemagne, les opposants se rencontraient lors de saynètes préverbales. Lorsqu'un officiel passait en voiture dans une rue principale, la foule des adorateurs se précipitait pour crier son amour et lever le bras droit en signe d'appartenance. Victor Klemperer ne partageait pas cette joie. Incapable de participer à ce bel événement, il courait lui aussi, mais dans une autre direction, pour trouver une ruelle adjacente où il pouvait échapper à l'extase collective. C'est là qu'il rencontrait deux ou trois personnes rouges d'effort, essoufflées d'avoir couru pour éviter la marée totalitaire. Sans un mot, chacun savait pourquoi l'autre était là. Mon ami d'enfance Sebastian Haffner apporte le même témoignage. Quand une colonne de SA passe dans la rue, « ou bien on se réfugie dans une encoignure de porte, ou bien on fait comme tout le monde, on lève le bras, sinon on se fait rouer de coups… Réjouissons-nous donc, et hurlons avec les loups, *Heil, Heil !* Et on finissait par y trouver goût[1] ».

1. Haffner S., *Histoire d'un Allemand. Souvenirs (1914-1933)*, *op. cit.*, p. 193.

C'est là que se cache la force du conformisme. Quand on hurle avec les loups, on finit par se sentir loup. Le sentiment d'appartenance à un groupe est tellement sécurisant et euphorisant qu'on se laisse griser. Même la violence, quand on la crie ensemble, finit par donner un sentiment de force agréable. Ce n'est pas l'énoncé qui nous galvanise, c'est le fait d'être ensemble et de chanter la haine.

La langue sert aux sentiments autant qu'à la raison[1]. Mais les mots qui nous viennent en tête sont déjà une interprétation du réel, une trahison des faits. Quand le réel est insupportable et que je veux agir doucement sur l'esprit d'un autre pour lui raconter, je fais venir des mots qui atténuent l'horreur. À l'inverse, je peux choisir d'autres mots afin d'aggraver la représentation du même événement. Si j'ai le désir de me plaindre, ou l'intention de culpabiliser mon agresseur, je parlerai en choisissant des mots emphatiques : « torture, humiliation, déshumanisation ». Si je cherche à atténuer le massacre des innocents, j'emploierai des mots techniques, comme « liquider » ou hygiéniques comme « épurer ». Il suffira de parler de l'innocent en le désignant par les mots « souillure » ou « parasite » pour que la suite logique entraîne les vocables « laver la souillure » et « purifier ». Si vous voulez coloniser un

1. Klemperer V., cité *in* Dewitte J., *Le Pouvoir de la langue et la Liberté de l'esprit*, *op. cit.*, p. 183.

pays, prendre ses terres et voler les biens de ses habitants, les mots « sauvages », « primitifs » ou « arriérés » vous viendront en tête. C'est donc très logiquement que vous allez envoyer l'armée, les médecins et les instituteurs pour « pacifier » ce peuple ignorant et violent. Si vous voulez chasser de chez eux ces pauvres débiles, dites qu'il faut faire un « transfert de population », pour vous emparer d'un morceau de leur territoire. Vous parlerez alors de « rectification de frontière ». George Orwell a trouvé de nombreux autres exemples d'euphémismes, ces mots qui permettent de parler d'horreur sans provoquer une sensation d'horreur[1].

Quand la langue n'est plus relationnelle, quand elle ne sert plus à exprimer des sentiments ou à élaborer une raison, elle devient une incantation magique qui vise à planter dans l'esprit de l'autre une représentation fulgurante, d'un seul coup, jamais élaborée, simple affirmation qui vise à gouverner son monde mental. La langue à coups de marteau n'est plus un organe de la relation, elle devient un instrument d'emprise qui prend le pouvoir grâce au conformisme et greffe des slogans à la place des pensées. Voilà pourquoi dans toutes les dictatures ceux qui se servent de mots pour penser sont considérés comme des ennemis. Il convient de s'en méfier, de les rééduquer et, s'il le faut, de les éliminer.

1. Orwell G., *1984*, *op. cit.*

Une de mes amies, psychologue à Buenos Aires, a eu la curieuse idée d'épouser un musicien directeur de l'Opéra. Peu après que les militaires se sont emparés du pouvoir, elle a vu surgir dans son cabinet des policiers qui exigeaient qu'elle donne le carnet d'adresses de ses complices. Elle a d'abord affirmé qu'elle n'en avait pas, jusqu'au moment où elle a compris qu'il s'agissait du carnet de rendez-vous de ses patients. Puisque ces gens venaient chez elle pour réfléchir à ce qui les tourmentait, ils se plaçaient eux-mêmes en dehors de la doxa totalitaire. Ils étaient complices puisqu'ils élaboraient un problème au lieu de réciter les énoncés du chef. Comme le mari de cette psychologue était le directeur de l'Opéra, il fut lui aussi suspect. Depuis la Grèce ancienne, les artistes, porte-parole des citoyens, doivent mettre en scène les problèmes de la cité. L'art possède un effet démocratique quand il invite au débat, ce qui dans les régimes totalitaires est considéré comme une agression, un blasphème contre celui qui dit la seule vérité. À mort les psychologues, les artistes, les journalistes et les philosophes ! Rééduquons-les afin que l'ordre règne ! Ce sera l'ordre des cimetières, celui de la certitude préférable à la fièvre démocratique où l'on ne sait jamais ce qu'il faut penser : « Accordez vos violons, dites-moi ce qu'il faut croire », scandent les adorateurs du chef qui sait tout.

On a tendance à accepter l'idée que l'énoncé désigne des choses ou des événements réels, tandis que l'énonciation, la manière de dire, exprimerait plutôt la connotation affective de ce qui est dit[1]. Peut-être serait-il plus juste de préciser que les mots qui nous viennent en tête témoignent d'une liberté intérieure. En racontant un événement, nous avons l'intention d'exprimer un témoignage et de dire en même temps l'impression que cet événement a produit dans notre âme. Nous avons donc le choix du sujet et des mots pour donner une forme à notre émotion. Il s'agit bien de liberté intérieure puisque nous aurions pu choisir de ne pas parler de cet événement, ou d'en parler avec des mots sélectionnés pour modifier la connotation affective, l'atténuer, l'aggraver, faire sourire, ou provoquer un scandale. L'énoncé et l'énonciation s'associent pour créer une représentation théâtrale de l'événement.

Certaines mises en scène de langage invitent au débat alors que d'autres font taire. Quand j'ai vu le dessin animé *Persepolis*[2], je me suis demandé ce que les Iraniens auraient dû faire pour aider les femmes à échapper au carcan linguistique et légal des ayatollahs. Quand j'ai vu le film *Valse avec Bachir*[3], je me suis demandé pourquoi les soldats israéliens se sentaient coupables de ne pas être intervenus pour empêcher le massacre de Palestiniens à Sabra et Chatila par

1. Cosnier J., Kerbrat-Orecchioni C. (dir.), *Décrire la conversation*, Presses universitaires de Lyon, 1987.
2. Satrapi M., Paronnaud V., *Persepolis*, film, 2007.
3. Folman A., *Valse avec Bachir*, film, 2008.

les milices libanaises. Mais quand j'ai vu *Le Cuirassé Potemkine*[1] légitimant la révolution russe de 1917 et *Les Dieux du stade*[2] révélant la force des surhommes blonds, je me suis demandé ce qui faisait l'étrange beauté de ces images. Il m'est venu l'idée que le réalisateur ne m'invitait pas au débat, il (elle) imposait des images convaincantes, comme une propagande, un romantisme sans limite, une boursouflure sémantique, un chef-d'œuvre publicitaire. Les vers grouillant dans la viande des marins expliquent et justifient la révolution communiste. Les beaux athlètes allemands illustrent la supériorité raciale des Aryens. Le style ampoulé de ces films montre une image forte, une viande pourrie, un berceau dévalant les escaliers d'Odessa, mis en scène pour déclencher une émotion sans nuance, une indignation, une révolte qui persuade de la nécessité de ces théories extrêmes. Tout débat aurait amoindri le sentiment de vérité alors qu'une image frappante emporte la conviction.

Puisqu'il a été possible de trouver des mots qui rendent supportable une réalité insupportable, pourrait-on si besoin trouver d'autres mots qui rendraient insupportable une réalité supportable ? Depuis quelques années, quand un groupe humain est privé de droits, on ne parle pas d'injustice, on préfère le mot

1. Eisenstein S., *Le Cuirassé Potemkine*, film, 1925.
2. Riefenstahl L., *Les Dieux du stade*, film, 1936.

« apartheid ». Quand un pharmacien fait son boulot de soignant en pratiquant des tests antiviraux, on ne dit pas qu'il applique les consignes gouvernementales, on le traite de « collabo » afin de suggérer qu'il est un traître asservi à l'occupant sanitaire. Quand on coud sur sa poitrine une étoile de David en écrivant « non vacciné » à l'intérieur des branches, on fabrique une image qui induit une analogie entre ceux qui préfèrent ne pas se vacciner et 6 millions de personnes condamnées à mort par cette étoile. À quoi correspond cette exagération indécente d'un problème peut-être légitime ? Ce détournement de mots aurait-il pour enjeu de transformer en horreur un problème qui aurait dû simplement provoquer des rencontres explicatives ? Pourquoi se dire persécuté, alors qu'on a le droit de ne pas être d'accord ? Est-ce pour légitimer sa propre violence ? « On veut ma mort, il est donc légitime que je casse tout pour me défendre. Mais si je casse tout au lieu d'argumenter, je me retrouve en situation de délinquance. » Quand « euphémisme » veut dire « *eu* = épanoui + *phême* = parole », l'antonyme serait « *dys* = mauvaise fonction + *fama* = renommée » : employer des mots qui aggravent. Ceux qui parlent ainsi éprouvent le plaisir de la profanation en s'attaquant aux personnes, aux objets ou aux lieux honorés. En se disant eux-mêmes persécutés, ils suggèrent une légitime défense qui supprime la sensation de délinquance. La diffamation de masse et le cyberharcèlement ridiculisent la démocratie en détournant les mots du malheur pour s'offrir un plaisir inavouable.

Je crois que c'est ainsi que Hannah Arendt a décrit Eichmann[1]. Connaissant la monstruosité de ses crimes, elle s'attendait à voir un monstre et sa stupeur fut grande quand elle ne vit qu'un petit monsieur, un pantin ridicule qui ne savait pas parler : « L'ancien responsable du IIIe Reich, qui recourt sans cesse à des expressions toutes faites, semble en effet éprouver d'énormes difficultés à trouver ses mots et à former des phrases, ce qui... donne à son langage une allure ampoulée et mécanique[2]. » Eichmann est ridiculement coupé de la réalité. Avant de mourir sur l'échafaud, il dit froidement : « Dans peu de temps, messieurs, nous nous reverrons... c'est le destin de tous les hommes. Vive l'Allemagne, vive l'Argentine, vive l'Autriche. Je ne les oublierai pas[3]. » Ridicule, incohérent, ampoulé, inadapté, quand il répond à un juge « le langage administratif est mon seul langage », il confirme que, pour lui, les formules toutes faites, les slogans tiennent lieu de pensées. Il ne faisait qu'obéir car les ordres qu'il recevait lui permettaient de réaliser ses fantasmes antisémites. Aucune émotion, aucun regret, j'ai même l'impression qu'il ne parvenait pas à se représenter l'immensité du crime qu'il avait provoqué,

1. Arendt H., *Eichmann à Jérusalem*, Gallimard, « Folio histoire », 1991.
2. Dewitte J., *Le Pouvoir de la langue et la Liberté de l'esprit*, *op. cit.*, p. 253.
3. Arendt H., *Eichmann à Jérusalem*, *op. cit.*, p. 1262.

banalement, avec un stylo, en signant sur du papier des dizaines de milliers de condamnations d'innocents. Sa grande tranquillité, son étonnante absence de culpabilité venaient-elles de sa soumission ? Il n'a jamais été forcé à obéir, il s'est asservi lui-même pour en tirer un bénéfice, pour réaliser ses fantasmes antisémites, tuer des Juifs à coups de stylo.

Quand les masses sont abandonnées, quand une défaillance éducative ou culturelle ne leur a pas donné la possibilité d'apprendre à réfléchir, elles se soumettent à des pensées toutes faites et les récitent pour se donner l'illusion de comprendre. L'alexithymie d'Eichmann en est une bonne illustration. Quand un sujet n'est pas entraîné à penser, il ne peut pas trouver les mots pour exprimer ses sentiments et ses idées. Sa vie imaginaire est pauvre, il enfile des énoncés plats comme une fiche administrative ou comme le mode d'emploi d'une machine à café. Le lyrisme est impossible quand on n'a pas d'émotion. La récitation conformiste entraîne une morne normalité, facilite les carrières administratives ou universitaires, mais rend impossible la poésie, le roman, ou même un témoignage empathique. Impossible de dire : « Cette femme a dû souffrir… Cet enfant privé de famille aura un départ difficile dans son existence. » Pour éprouver un sentiment d'empathie il faut être capable de se représenter le monde mental d'un autre. Quand on colle à l'énoncé, on formule : « Cette femme doit être mise dans un camp comme il est écrit dans l'article 5 du Code d'aryanisation. » On signe, on a bien fait son travail, on n'est pas freiné par une représentation qui nous aurait mis mal à l'aise. Pas d'introspection, pas de dérive imaginaire : on signe, on fait son boulot, c'est tout. Quand Hannah Arendt a employé l'expression « banalité du mal » qui lui a été vivement reprochée[1], elle aurait probablement dû employer le mot « alexithymie ». Mais il n'existait pas en 1966. Ce néologisme a été créé en 1972 par Peter E. Sifneos et John C. Nemiah en référence au grec : *a* (privatif), *lexis* (mot) et *thymo*s (humeur, sentiment)[2] pour désigner une incapacité à mettre en mots un sentiment.

Se soumettre pour se libérer

Sachant qu'aucun bébé ne parle le jour de sa naissance, il lui faudra attendre la troisième année pour devenir capable de donner une forme verbale à l'expression de ses affects. S'il éprouve des émotions violentes, il trouvera les mots adéquats, mais s'il a passé ses premières années dans une niche affective pauvre en mots, il ne trouvera qu'un langage plat pour traduire ses pensées intimes. Quand un enfant arrive au monde,

1. *Ibid.*
2. Alby J.-M., « Alexithymie », *in* Y. Pélicier (dir.), *Les Objets de la psychiatrie*, Bordeaux, L'Esprit du temps, 1997, p. 33-34.

il ne sait pas ce qu'il doit faire, il ne peut pas maîtriser ce qu'il ressent, il ne comprend pas ce qu'il perçoit. S'il veut vivre dans cette niche sensorielle où l'a placé la vie, il doit tout apprendre. Pour ne pas mourir, la soumission est nécessaire. Il ne peut pas échapper à l'empreinte de son milieu. Le jour de sa naissance, il ne possède qu'un très petit stock de comportements qui lui a permis de s'accrocher à une figure familière que les adultes appellent « la mère ». Lui, le bébé, ne perçoit qu'un objet partiel composé par la forme et la couleur du mamelon vers lequel il s'oriente sans aucun apprentissage. Quand il tète, il s'accroche à la brillance des yeux, aux saccades oculaires, aux basses fréquences de la voix, au style manipulatoire de celle à qui appartient le mamelon. Et ce n'est que lorsque cette première base de sécurité sera imprégnée dans sa mémoire qu'il pourra commencer l'exploration de ce qui l'entoure. À ce niveau du développement de son appareil à voir le monde, il dépend totalement de l'objet sensoriel placé autour de lui. Si un accident le prive de cet objet, le petit ne développera aucune de ses compétences qui, non stimulées, vont s'atrophier[1].

Quand le bébé sécurisé ouvre sa conscience pour aller chercher d'autres informations autour du corps de sa mère, il découvre un autre objet sensoriel associé à

1. Romano H., *Quand la mère est absente. Souffrance des liens mère-enfant*, Paris, Odile Jacob, 2021. Et Dugnat M., Collomb N., Poinso F. (dir.), *Soins, corps et langage en clinique périnatale*, Toulouse, Arip/Érès, 2020.

la mère et pourtant différent que les adultes appellent « père ». Aujourd'hui on l'appelle « deuxième parent », tellement les structures de parenté sont modifiées par nos nouvelles sociétés[1]. Quelques années plus tard, quand l'enfant commence à entendre des récits familiaux et culturels, il va s'intégrer dans une filiation qui participe à la construction de son identité[2]. Une telle trame extérieure constitue les trois niches écologiques (biologique, affective et verbale) sans lesquelles un enfant ne peut pas se développer. Il est essentiellement déterminé par la structure de son environnement où, pour devenir lui-même, il doit obéir pour recevoir l'empreinte de son milieu. Il ne peut pas se développer ailleurs que dans les trois niches qui constituent son écologie : la sensorialité, l'affectivité et la verbalité. Quand l'une de ces niches est défaillante, mort ou souffrance de la mère, altération affective ou récits traumatisants, l'enfant subit une distorsion développementale. Parfois c'est l'organisme du petit qui n'accepte pas l'empreinte du milieu à cause d'une maladie génétique, d'une encéphalopathie ou d'un trouble neuro-développemental. Quand la transaction entre l'organisme et son milieu est altérée, l'enfant peine à devenir lui-même. Il se construit de manière bancale

1. Godelier M., « Systèmes de parenté et formes de famille », *in* M. Dugnat, N. Collomb, F. Poinso, *Soins, corps et langage en clinique périnatale*, *op. cit.*, p. 53-59.
2. Gayon J. (dir.), *L'Identité. Dictionnaire encyclopédique*, Paris, Gallimard, « Folio », 2020.

puisqu'il incorpore difficilement les pressions du milieu[1]. Pour se développer harmonieusement, il doit se soumettre et « digérer » les contraintes biologiques, affectives et verbales. Alors seulement il pourra voir son monde et le juger en son nom propre.

Cela revient à dire qu'on ne peut acquérir un degré de liberté intérieure que si auparavant notre appareil à voir le monde et à le penser a été bien construit : « Cette nouvelle notion de la liberté repose sur la libération de la pauvreté[2]. » Pour un psychologue la pauvreté sensorielle et verbale est souvent liée à la pauvreté sociale parce que les parents sont en difficulté. Pourtant, dans une famille pauvre structurée par l'affection et la culture, les enfants ne sont pas malheureux et se développent bien. En revanche, quand les conditions d'épanouissement ne sont pas assurées, quand les tuteurs sont brisés ou malformés, l'enfant se construit de travers et ne parvient pas à acquérir un degré de liberté intérieure.

Quand on ne peut pas juger et décider par soi-même, on éprouve un soulagement à se soumettre à celui qui pense pour nous. Quand on se sent voué au malheur, on cherche les causes de cette souffrance et on accuse un bouc émissaire, ce qui aggrave le malheur :

1. Bronfenbrenner U., *Making Human Beings Human. Bioecological Perspectives on Human Development*, Londres, Sage, 2004. Et Cyrulnik B., *Des âmes et des saisons*, Paris, Odile Jacob, 2021.
2. Arendt H., *La liberté d'être libre*, Paris, Payot, 2019, p. 65.

« C'est la faute à Voltaire… à ma mère… aux étrangers… aux mécréants… à l'élite… aux abrutis… » C'est ainsi que le langage totalitaire donne un mauvais bonheur. Ceux qui n'ont pas pu acquérir une liberté intérieure sont soulagés quand ils se soumettent à un protecteur qui dit la vérité et donne espoir à condition de lui obéir : « Je suis votre sauveur, si vous voulez la liberté, obéissez… épurez… pacifiez… rééduquez ces mécréants qui ne pensent pas comme votre chef adoré. » L'accouplement d'une foule avec son défenseur donne un amour fou : « J'adore mon peuple, dit le sauveur. Je suis prêt à mourir pour lui », « Je vénère mon libérateur, dit le sauvé. Je suis prêt à mourir pour lui. » Ivan le Terrible, Napoléon, Mao, Hitler, Staline ont donné l'ordre au peuple de mourir à la guerre pour obtenir la paix. Mais quand l'extase amoureuse s'éteint, le peuple encore malheureux découvre qu'il s'est fait escroquer par une utopie forcément merveilleuse. Jamais un gouvernement de rêve n'a régné sur un peuple heureux. L'utopie communiste, généreuse et mortifère, l'utopie nazie méprisante et criminelle ont enflammé les foules jusqu'à ce que déception s'ensuive. C'est alors que les masses mettent à mort leur sauveur.

L'appartenance est nécessaire au développement du corps et de la pensée d'un enfant. Mais quand elle mène à la dépendance, le sujet n'accède pas à sa liberté intérieure, il continue à adorer celui (celle) qui le conduit à la servitude. Il en va ainsi dans les couples où l'amour merveilleux provoque la dépersonnalisation de l'un des deux. Ce processus existe dans les manifestations de masse qui idéalisent le meneur et dans les dyades mère-enfant quand le lien d'appartenance, nécessaire au développement, se transforme en prison qui empêche la liberté intérieure et érotise la soumission.

L'adaptation au monde dépend de la structure affective qui s'est imprégnée dans notre mémoire. Un style d'attachement, c'est une façon de se socialiser, d'établir des relations avec les autres. Dès le 10ᵉ mois, quelle que soit leur culture, tous les enfants ont acquis un style d'attachement. Schématiquement, on dit que 66 % ont un attachement sécure, ils restent confiants face aux petites épreuves de la vie ; 20 % manifestent un attachement évitant, calme, distant et peu expressif ; 15 % sont ambivalents, ils sont heureux de retrouver ceux qu'ils aiment mais les agressent en leur reprochant de ne pas avoir toujours été là ; et 5 % sont confus, désorientés, ce qui témoigne d'une importante difficulté développementale[1]. Ces catégories affectives ne sont pas des organisations fixes, on devrait plutôt parler d'adjectifs qui caractérisent une manière d'établir des relations et qui évoluent avec le temps et les rencontres.

Lors d'un événement extérieur, les réactions adaptatives du sujet sont influencées par le style affectif

1. Guedeney N., Guedeney A., *L'Attachement. Concepts et applications*, Paris, Masson, « Les âges de la vie », 2002.

auparavant acquis[1]. Quand un bouleversement surgit dans une de ces niches sensorielles, l'enfant répond avec ce qui est en lui. En cas de conflit conjugal, divorce ou deuil, il s'adapte en utilisant les ressources construites au fond de lui au cours de son développement. Les enfants confus sont encore plus désorientés quand le milieu se désorganise. Les ambivalents font des déclarations d'amour aux parents qu'ils agressent. Et les évitants disent que ce n'est pas leur affaire. Ils sont peu touchés car ils ne comptent que sur eux-mêmes et masquent leurs troubles en s'appliquant à devenir indifférents. Les enfants sécures, émus par la déchirure parentale, analysent la situation, cherchent à comprendre, puis décident d'une stratégie relationnelle. Pourrait-on dire qu'ils ont acquis une liberté intérieure qui les aide à affronter l'épreuve, à évaluer la situation et à décider ce qu'il faut faire pour atténuer leurs souffrances[2] ?

À l'inverse, les enfants qui ont acquis des facteurs de vulnérabilité au cours de leur développement précoce souffrent beaucoup de ces événements stressants. Un enfant sécure éprouve toute situation nouvelle comme un jeu exploratoire, alors qu'un insécure ressent la même modification comme un danger. Les cultures attribuent des rôles sociaux à ces tempéraments

1. Pierrehumbert B., « L'attachement au temps de la Covid-19. Parties 1 et 2 », *JDP Enfance*, 2021, 127, p. 10-19.
2. Moccia L. *et al.*, « Affective temperament, attachment style and the psychological impact of the Covid-19 outbreak : An early report on the Italian general population », *Brain, Behavior and Immunity*, 2020, 87, p. 75-79.

différents : les anxieux prennent la fonction de lanceurs d'alerte[1] repérant le moindre péril, les évitants acceptent sans discuter tout discours académique ou politique, devenant ainsi bons élèves et citoyens passifs. Est-ce ainsi que l'on pourrait expliquer les réactions différentes face à un bouleversement social ? Certains se replient dans des groupes d'autodéfense où la crainte les rend agressifs, alors que d'autres évoluent et changent leurs relations. Dans toutes ces situations le style d'attachement a sélectionné les informations extraites du réel et leur a donné une connotation affective.

Puis, le récit qu'on fait de ces événements donne une forme verbale au monde intime, c'est pourquoi chaque récit est vrai, même quand il est différent. Les attachements sécures, qui ont appris à analyser et à évaluer les informations extraites du réel, en font des récits concordants avec les récits sociaux. Mais notre aptitude à la parole est tellement puissante que nous devenons capables de désigner des événements de plus en plus éloignés du monde sensible, jusqu'au moment où nous créons une entité impossible à percevoir que, pourtant, nous ressentons au plus profond de notre corps. C'est ainsi que nous pouvons habiter des croyances coupées de la réalité et pourtant perçues comme des évidences. Dans les années d'après-guerre, il m'a été impossible de simplement raconter ce qui

1. Pierrehumbert B., « L'attachement au temps de la Covid-19 », art. cit.

m'était arrivé ; mon arrestation par la Gestapo française à l'âge de 6 ans, mon évasion et la persécution par l'administration préfectorale. Les adultes ne pouvaient pas croire un scénario invraisemblable pour eux, dans leur monde mental. Ils avaient traversé la guerre dans des conditions différentes, cruelles ou parfois agréables, ils avaient donc une expérience individuelle différente de cette même période. Habitant leurs propres représentations extraites d'une expérience véritable, ils ne savaient pas ou ne désiraient pas faire l'effort de se décentrer d'eux-mêmes, pour se représenter l'expérience invraisemblable d'un petit garçon de 6 ans condamné à mort et s'évadant dans des circonstances rocambolesques. C'est grâce à la publication d'un livre en 1983[1] que, invité par la télévision d'Aquitaine, j'ai pu retrouver tous les témoins de mon évasion : Mme Descoubès, l'infirmière qui m'a fait signe de courir pour me cacher dans la camionnette, Gilberte Blanché, la dame mourante sous laquelle je me suis blotti, son fils Jacques et sa petite-fille Valérie à qui elle avait raconté cette histoire, Jacques de Léotard, l'étudiant en droit qui m'avait fait rentrer dans une marmite de la cantine de l'université et surtout Margot Farges qui, pendant des années, m'a trouvé des refuges dans une chaîne de Justes, presque tous enseignants[2]. Cette émission de

1. Cyrulnik B., *Mémoire de singe et paroles d'homme*, Paris, Hachette, 1983.
2. Cyrulnik B., *Sauve-toi, la vie t'appelle*, Paris, Odile Jacob, 2012.

télévision a joué pour moi un rôle équivalent à celui d'une autre émission[1] où, grâce au nombre élevé d'auditeurs, la probabilité de retrouver un parent disparu était élevée. Sans cela, comment aurais-je pu joindre ces témoins ? Je n'aurais jamais pu prouver la réalité d'une histoire improbable.

Cet événement de mon enfance m'a fait comprendre que les gens qui ne me croyaient pas s'étaient construit une vision claire du monde en la simplifiant. L'absence de doute leur permettait d'avoir une conduite à tenir, alors qu'une enquête, une réflexion, aurait brouillé la vision intelligible dont ils avaient besoin. Pourquoi certaines personnes ont-elles d'emblée des convictions ? Sans enquête et sans réflexion elles affirment : « Je ne te crois pas. Tu racontes de belles histoires. » Cette phrase que j'ai entendue après la guerre m'a fait taire pendant quarante ans. En me contraignant au silence ces gens éprouvaient une sensation de vérité qui leur permettait d'éviter la complexité du réel. Ce qu'ils appelaient « doute » (« Je doute de ton histoire ») était en fait une certitude qui laissait leur esprit en repos. Quand un schéma simplifie une situation pour mieux l'expliquer, un slogan donne une certitude qui arrête la pensée.

J'ai retrouvé cette situation tout au long de ma vie. Quand je suis revenu de Bucarest en 1954, j'ai demandé à mes amis communistes de m'expliquer pourquoi ce

1. Pradel J., *Perdu de vue*, émission sur TF1, 1990-1997.

que j'avais vu ne correspondait pas aux merveilles que racontait le Parti. Leur réponse fut claire : « Tu es trop jeune pour comprendre. » Comme j'insistais, ils ont dit : « Si tu penses ainsi, tu ne peux plus rester avec nous. » Pour donner des certitudes, il faut que les idées soient claires, quitte à éliminer tout ce qui pourrait les nuancer. Tous ces gens que j'estimais sauvaient le théorème, l'hypothèse à démontrer. Pour garder l'esprit clair, ils s'interdisaient toute observation qui aurait pu faire douter de la proposition de base. Par cette méthode d'épuration intellectuelle, l'hypothèse à démontrer se transforme en postulat qui dit la vérité : « C'est vrai parce que mon chef dit que c'est vrai. » C'est ainsi qu'on se laisse entraîner dans les croyances totalitaires.

Il y a quelques années, j'ai eu l'occasion de faire quelques exposés à Ramallah[1]. L'université est très belle, en grande partie financée par la France. Avec Michel Manciaux, nous avons été très bien reçus. Les réunions étaient animées par des étudiants et des enseignants dont nous avons apprécié la tolérance et l'ouverture d'esprit. Quand, de retour en France, j'ai simplement voulu en témoigner, j'ai été vivement critiqué par le Betar, groupement juif de tendance très droitière, et par l'extrême gauche, autant dire par ceux qui ont les idées les plus carrées. Le Betar a demandé sur Internet

1. Rencontres organisées par l'Institut français de Ramallah, capitale administrative de l'Autorité palestinienne.

qu'on me casse la gueule et l'extrême gauche à Marseille a crié son indignation quand j'ai dit que le soir nous allions dîner dans de beaux restaurants entourés de jardins fleuris. « Tout est détruit, hurlaient ces gens qui n'étaient jamais allés à Ramallah, la Palestine est un hôpital à ciel ouvert. » La chaîne Al-Jazira est beaucoup plus honnête quand elle montre des documents où les habitants de Gaza tentent de construire un pays subventionné par l'aide internationale et qu'elle filme des Palestiniens devenus médecins et même professeurs dans les excellents hôpitaux israéliens où des infirmières voilées vaccinent en souriant des hommes portant la kippa. Cette chaîne du Qatar, follement riche, montre aussi les maisons palestiniennes détruites par les colons. Pour habiter un monde de convictions, les extrémistes ont besoin de réfuter tout témoignage qui nuance la réflexion. Alors, sûrs d'eux, ils pourront défendre les idées du chef.

Organiser le monde extérieur pour charpenter le monde intérieur

Cette attitude totalitaire n'est pas uniquement religieuse ou politique, elle peut être aussi scientifique. En 1967-1968, en neurochirurgie, je voyais tous les jours des atrophies cérébrales plus ou moins diffuses ou localisées frontales, temporales ou ventriculaires. On en ignorait la cause, sauf dans les hydrocéphalies où il ne restait qu'une mince lame de cortex. Quand je suis arrivé à l'hôpital de Digne, j'ai continué à faire la description de ces atrophies, mais certains collègues se sont indignés en affirmant que c'était absurde et qu'on n'avait jamais vu un cerveau fondre. Autour d'eux s'est rassemblé un petit groupe d'opposants à cette information. Les personnes dont ce n'était pas le métier avaient du mal à choisir leur croyance. Pourtant en 1981, Hubel et Wiesel avaient démontré qu'une atrophie cérébrale localisée était provoquée par une défaillance du milieu extérieur. Les neuroscientifiques avaient mis un cache sur l'œil gauche d'un petit groupe de chatons et avaient constaté après leur mort une atrophie occipitale droite, la zone qui traite les stimulations visuelles. Tandis qu'un cache placé sur l'œil droit d'une autre population de chatons avait provoqué une atrophie occipitale gauche, prouvant ainsi la plasticité cérébrale. C'est en dehors du cerveau, c'est dans le milieu qui entoure un organisme, qu'il fallait chercher la défaillance d'une zone cérébrale. Ce prix Nobel n'est pas entré dans la culture où l'on apprenait encore à penser qu'un corps, un cerveau ou une âme pouvaient se développer sans tenir compte des pressions du milieu. Un enfant sain n'a pas d'atrophies cérébrales, si certaines zones fonctionnent mal « c'est bien la preuve que cet enfant est de mauvaise qualité », disait-on, sans vraiment se rendre compte que cette explication était proche des stéréotypes racistes.

C'est l'argument que nous avons entendu quand, avec Médecins du monde, nous sommes revenus à Bucarest en 1989. Le président-dictateur Ceauşescu, pour rembourser la dette, faisait travailler les femmes quatorze heures par jour. Il exigeait que des inspectrices surveillent leur linge intime, afin qu'elles ne puissent pas avorter et soient obligées de mettre au monde le plus de futurs ouvriers possible. Comme rien n'avait été prévu pour s'occuper de ces 170 000 enfants, ils furent placés dans de grands espaces abusivement appelés « orphelinats ». Personne ne leur parlait, personne ne s'occupait d'eux, une gamelle par jour, un coup de jet d'eau par mois, ces enfants avaient presque tous des zones cérébrales atrophiées. D'autres institutions roumaines ont sauvé des enfants abandonnés en leur proposant simplement un milieu structuré par l'affection et l'éducation[1].

Les praticiens repèrent des problèmes qu'ils ne peuvent pas toujours expliquer scientifiquement. Ils font un constat clinique, proposent une hypothèse, comparent des populations et des évolutions spontanées ou thérapeutiques, mais peuvent difficilement réaliser des manipulations expérimentales qui leur seraient éthiquement

1. Violeta Stan, Catherine Sellenet, à la conférence « Quand les liens dérapent », Salon-de-Provence, 27 mai 2016.

reprochées. Les scientifiques, eux, sont tenus de réaliser des manipulations et de préciser les notions révélées par les praticiens[1]. Charles A. Nelson dont l'autorité est reconnue par toutes les académies a constitué en 2000 une association de chercheurs appelée Bucarest Early Intervention Project (BEIP). Travail éblouissant, analyses précises, qui confirment l'importance de la période sensible des premières années. Quand une privation de sensorialité arrête les développements, ça provoque une altération cérébrale. En fait, c'est un cheminement de publications qui a abouti à ce travail que tout le monde cite. Depuis les années 1930, les éthologues animaliers décrivent la notion de période sensible pendant laquelle un organisme devient hypersensible à un type de stimulation sensorielle[2]. Quand cette information manque, un trouble cérébral s'installe.

Les observations animales, en milieu naturel et en laboratoire, aboutissent à l'idée qu'un cerveau ne perçoit pas de la même manière une même information selon son développement. Dès le début des années 1950, René Spitz avait utilisé cette notion pour confirmer, comme Sigmund Freud, l'importance des premiers mois de la vie[3]. Dans ce petit livre étonnant,

1. Nelson C. A., Fox N. A., Zeanah C. H., *Romania's Abandoned Children. Deprivation, Brain, Development, and the Struggle for Recovery*, Cambridge, Harvard University Press, 2014.
2. Eibl-Eibesfeldt I., *Éthologie. Biologie du comportement*, Paris, Éditions Ophrys, 1984.
3. Spitz R. A. (préface d'Anna Freud), *La Première Année de la vie de l'enfant*, Paris, PUF, 1963.

on peut lire tout ce qui fonde le succès des théories de l'attachement qui sont aujourd'hui les plus enseignées dans les universités et les formations professionnelles. Dans la bibliographie de ce psychanalyste, on trouve vingt et une citations d'éthologie animale. Mais c'est John Bowlby qui a posé les bases d'une nouvelle discipline : l'attachement[1].

La retombée pratique des observations réalisées par l'Unicef et Médecins du monde sur les enfants abandonnés dans les mouroirs roumains fut de conseiller aux États de ne plus enfermer les petits dans de grandes institutions et de les confier plutôt à des familles d'accueil. Ce sage conseil doit être nuancé : en 1945, 250 000 orphelins de guerre ont été placés dans de grandes institutions accueillant parfois plusieurs milliers d'enfants. Un bilan effectué cinquante ans plus tard a montré que la plupart s'en sont bien sortis. Il y a eu quelques évolutions tragiques chez des enfants qui avaient été emprisonnés dans les camps de la mort, affamés dans les ghettos, persécutés dans les villes et les villages et qui se sont retrouvés seuls, sans éducation et sans famille, à la Libération. Mais la plupart de ces enfants soutenus dans de grandes institutions[2] ont pensé : « Il faut que j'apprenne vite un métier. » Ils ont repris un bon développement, se sont socialisés et

1. Bowlby J., *L'Attachement*, 3 tomes, Paris, PUF, 1978-1982.
2. OSE, Les Apprentis d'Auteuil, SOS Villages (entre autres).

ont fondé une famille. Dans cette population on note moins de chômeurs que dans la population générale et quelques réussites entrepreneuriales remarquables.

Dans les institutions[1] qui ont privilégié le développement intellectuel, certains enfants sont devenus scientifiques et universitaires, mais beaucoup se sont orientés vers le milieu artistique. La littérature et le cinéma ont offert des lieux de parole où l'expression artistique a permis de donner forme à ce qui ne pouvait pas être dit. L'expression « épanouissement individuel et social » ne veut pas dire qu'ils ont repris leur développement normal comme si le trauma, la guerre, la persécution et l'abandon n'avaient laissé aucune trace dans leur psychisme. Même quand ils ont repris un bon développement, ils ont gardé dans leur âme d'adultes une vulnérabilité affective qui, en même temps, endolorissait leurs relations et alimentait leur créativité[2].

Quand on compare le devenir catastrophique des 170 000 petits Roumains dont l'âme a été assassinée dans les mouroirs de Ceauşescu avec la bonne évolution d'un grand nombre des 250 000 orphelins de guerre, et les immenses difficultés des 300 000 enfants de l'Aide sociale à l'enfance (ASE) aujourd'hui en France, on peut proposer l'hypothèse que la différence

1. OSE : Œuvre secours des enfants. CCE (Commissions centrale de l'enfance), Maison de Montmorency.

2. *Lendemains, Journal des Enfants de l'OSE (1946-1948)*, préface Simone Veil, Paris, OSE, 2012.

des devenirs s'enracine dans la qualité des 1 000 premiers jours. Les bébés isolés très tôt après leur naissance dans d'immenses salles n'ont pas pu acquérir une bonne base de départ. Ce constat vaut aussi pour les enfants confiés à l'ASE en France dont la famille, en grande difficulté affective, éducative et sociale, n'a pas pu structurer autour d'eux une niche sensorielle sécurisante et dynamisante. Les éducateurs pourtant motivés sont découragés par un trop petit nombre de professionnels, peu formés aux pratiques de l'attachement et consacrant plus de temps aux dossiers administratifs qu'aux relations avec les enfants. La défaillance institutionnelle ne parvient pas à rattraper la défaillance familiale.

Ce constat ne s'applique pas aux orphelins de guerre. La plupart avaient acquis dans leur famille une solide base de sécurité[1] avant que la tragédie sociale les frappe. Ils ont souffert de la perte mais, dès 1945, ils ont été recueillis dans des *homes* de 30 à 40 enfants, ou de grands châteaux de plusieurs milliers de petits pensionnaires. Les « moniteurs » (car le métier d'éducateur n'existait pas encore), souvent inspirés par Korczak[2], avaient pour mission d'organiser des lieux de parole et de création artistique, des formations professionnelles et des détentes ludiques. Ces « éducateurs » sans

1. Le rapport de la commission des 1 000 premiers jours a publié sur Internet 75 propositions pour structurer cette base de départ dans l'existence.
2. Korczak J., *Le Droit de l'enfant au respect*, Paris, Éditions Fabert, 2017.

diplôme, avec leurs ateliers, leurs chansons et leurs théâtres, ont offert aux enfants blessés des tuteurs de résilience qui ont permis à la plupart de reprendre un bon développement.

Myrna Gannagé, dans sa thèse dirigée par Colette Chiland, confirme cette explication[1]. Après la longue guerre civile au Liban (1975-1990), elle a suivi trois petits groupes d'enfants. Les exilés parisiens ont pu rester dans leur famille stable où ils ont poursuivi un bon développement, comme on pouvait le prévoir. La surprise fut de constater que les enfants confiés à des institutions sécurisantes se sont mieux développés que ceux qui ont dû rester dans leur propre famille traumatisée par la guerre. Ce qui abîme un enfant, c'est la carence affective et le non-sens du malheur, plus que le volume de l'institution. Il est vrai qu'un grand espace facilite l'anomie, mais quand l'institution organise des rencontres affectives et des lieux de parole, l'enfant s'en sort mieux que dans sa famille hébétée par le malheur.

Dès les années 1930, les psychanalystes avaient mis en lumière les troubles provoqués par la carence affective[2] mais le contexte culturel qui préparait la guerre, le travail en usine et au fond des mines mettait en valeur la force physique, le courage et la violence (appelée

1. Gannagé M., *L'Enfant, les Parents, la Guerre. Une étude clinique au Liban*, Paris, ESF, 1998.
2. Buehler C., *The First Year of Life*, Londres, Paul Kagan, 1927.

héroïsme). L'affectivité était considérée comme une faiblesse et son impact biologique, impensable, paraissait stupide. Les publications scientifiques restaient confidentielles tandis que les stéréotypes structuraient la culture. Deux discours se mettaient en place. L'un, clinique et psychanalytique, était assourdi par un autre discours abusivement explicatif, reposant sur un postulat qui affirmait sans preuve et sans réflexion : « Il faut être fort, écraser les faibles et même les éliminer, car leur simple existence vulnérabilise la société. » Quand la littérature scientifique tâtonne, les écrits totalitaires claironnent. Le doute méthodique mène au choix, gage d'une liberté intérieure, tandis que les affirmations répétées et tonitruantes emportent la conviction. Dans les années 1930, les discours religieux, fascistes, nazis et communistes structuraient les récits collectifs en suggérant : « vous avez la liberté de choisir votre maître ». Cette injonction paradoxale provoquait une dérive sémantique en désignant une seule liberté, celle de se soumettre au chef qui sait tout et dont la parole mène aux lendemains qui chantent, aux mille ans de bonheur ou au Paradis. C'est ainsi que s'initient les relations d'emprise : « Je vais t'imposer ma loi pour que tu sois heureux », dit le tyran domestique. « Faites ce que je vous dis, vous sauverez votre âme », dit le gourou. « C'est moi ou le chaos », dit le candidat dictateur.

On peut se demander pourquoi certaines personnes se donnent le temps de juger par elles-mêmes, tandis que d'autres éprouvent un grand plaisir à se laisser embarquer dans une extase collective qui arrête la pensée. Quand certains jugent, d'autres préjugent. S'agirait-il de constructions de tempéraments différents au cours de l'acquisition de styles d'attachement ? Il semble que ceux qui ont acquis un attachement sécure, plus paisibles, prennent le temps de jouer avec les idées, de peser le pour et le contre, avant de juger et de décider[1]. Les insécures ont besoin de certitudes pour se sentir à l'aise, c'est pourquoi ils préjugent et acceptent les idées toutes faites, claires et sans nuances qui les aident à s'engager dans l'existence.

S'engager dans le sexe et la mort

Comment vivrait-on sans engagement ? Nous serions des âmes errantes emportées par le vent des idées, sans but, sans rêves à réaliser. Notre existence n'aurait pas de sens, pas d'émotions, pas de plaisir ou de désespoir à vivre. Ce serait le bonheur des calmes plats, le sentiment de ne pas vivre. Par bonheur, nous ne disposons que d'un capital de 120 ans d'existence, comme l'affirment les généticiens. C'est une chance, car c'est la mort qui donne sens à la vie. Il faut vite

1. Pierrehumbert B., « L'attachement au temps de la Covid-19 », art. cit.

s'engager pour vivre avant la mort. Quand on meurt, c'est qu'on a eu la chance de vivre. Mais, le jour de notre mort, que l'on ait été fleur, oiseau, mammifère ou être humain, notre organisme est différent de ce qu'il était le jour de sa naissance. Nous avons évolué sous l'effet de la double pression entre notre monde intérieur et les contraintes du milieu. Sans la mort et sans le sexe, les individus ne pouvant pas évoluer, c'est l'espèce entière qui disparaîtrait, comme le confirment 96 % des animaux vivant sur la Terre à l'origine, dont on ne retrouve aujourd'hui que quelques traces fossilisées. C'est grâce au sexe que nous pouvons à chaque génération inventer des enfants issus des deux parents et pourtant différents. Si bien que, lorsque le milieu change, ce qu'il ne cesse de faire, une partie des petits descendants s'adapte à ce nouveau milieu. L'apparition de la sexualité dans le monde vivant a permis l'évolution des espèces, comme le surgissement de la motivation sexuelle chez l'individu l'invite à faire évoluer ses liens d'attachement. L'orientation sexuelle n'apparaît que lorsque l'organisme devient capable de donner la vie, alors la puberté contraint au changement d'attachement. Chez les oiseaux, quand le petit devient grand, il cesse de suivre sa mère malgré l'empreinte qu'elle a tracée en lui. Chez les mammifères, le jeune mâle, ou la jeune femelle selon l'espèce, doit quitter son groupe d'origine, ce qui constitue un équivalent d'inhibition de l'inceste[1]. Et chez les êtres humains, la gourmandise du corps de l'autre que l'on appelle « désir » oriente vers un nouvel objet, sexuel cette fois-ci, avec lequel le jeune devra tisser un nouveau lien d'attachement. D'abord, l'organisme a reçu l'empreinte de sa mère et de son milieu pour y tisser un lien d'attachement dépourvu de sexualité. Dès la puberté, il doit s'en aller pour trouver un autre organisme, un partenaire avec lequel se tissera un autre lien. L'engagement est d'abord passif mais quand apparaît la motivation sexuelle, il devient actif, dirigé vers un objet qui n'est pas sa mère, ce qui produit une ouverture biologique (faire un enfant), affective (s'attacher de manière parentale) et sociale (prendre sa place dans son groupe).

Nous, humains, nous devons donc recevoir une empreinte pour devenir nous-mêmes, puis nous en dégager au cours de la puberté pour nous engager ailleurs afin d'évoluer. Ce processus de forces opposées et harmonisées nécessite un réglage parfait et dynamique. Il n'est pas surprenant qu'il y ait des ratés et des troubles de l'engagement. Quand on est petit, avant l'âge de la sexualité, on cherche la figure d'attachement qui va nous sécuriser. On se laisse prendre dans les bras, soulever, retourner, toiletter, nourrir, vêtir, bichonner et imprégner de mots qui vont créer une

1. Bishop N., « Éthologie comparative de la prévention de l'inceste », *in* R. Fox (dir.), *Anthropologie biosociale*, Bruxelles, Complexe, 1978.

autoroute intermentale entre la mère et l'enfant. On est engagé, on accepte avec bonheur de ne pas avoir de liberté, puisqu'en échange nous obtenons la protection et l'amour. Dès que l'autre est là et s'imprègne dans ma mémoire, j'acquiers la confiance en moi parce que je me confie à elle. Je me fie à ce qu'elle fait et à ce qu'elle dit. En lui donnant le pouvoir de m'influencer, je fais une bonne affaire, parce qu'en échange de la perte de liberté je me sens bien auprès d'elle. En arrivant au monde, je ne savais rien, rien ne m'était familier, je n'ai pu apprendre le monde qu'à partir d'elle, ma base de sécurité.

Bien sûr, j'ai connu l'âge du « non » vers la troisième année quand j'ai manifesté quelques oppositions qui m'ont rempli de fierté. Mais ce n'était qu'un petit exercice de libération comparé au saut dans le vide de l'oisillon qui quitte son nid ou de l'adolescent qui rêve de quitter son foyer. Les contresens affectueux sont fréquents quand l'enfant se cache sous la table en espérant déclencher le bonheur des retrouvailles et que sa mère se fâche parce qu'elle va rater son train. Parfois l'adolescent adoré craint de perdre la sécurité en devenant autonome et devient furieux contre ceux qui l'ont élevé dans une prison affective.

Le processus naturel est donc le suivant :

– engagement passif, vital au cours de la petite enfance où l'enfant reçoit l'empreinte de son milieu ;

– dégagement pour devenir lui-même lors de la puberté ;

– réengagement actif dans un nouveau lien à la fois sexuel et parental.

Les ratés peuvent intervenir à tous les stades de ce processus. L'isolement sensoriel est la principale cause d'altération quand l'appauvrissement du milieu entraîne la dysfonction cérébrale de l'enfant. La puberté donne un élan joyeux vers le corps de l'autre, mais quand la fougue sexuelle n'est pas ritualisée par l'éducation et par les règles culturelles, elle se transforme en passage à l'acte pénalisable ou en inhibition angoissante. Quand la culture ne propose ni rêves ni lieux pour acquérir l'autonomie, le jeune devient errant, non orienté vers un projet. Il risque alors de devenir la proie d'un sauveur qui dit ce qu'il faut croire et dont le discours clair donne un espoir utopique. C'est l'âge de la confiance aveugle pour un maître à penser qui peut s'emparer de l'âme d'un jeune en quête de chemin. Quand la liberté est angoissante parce que tout choix rend responsable, la servitude devient rassurante. On accepte avec soulagement un régime autoritaire religieux ou profane. On pense qu'il est normal d'être orienté socialement et d'être marié par un prêtre ou par les parents. Toute divergence est ressentie comme un acte de délinquance. Le conformisme devient la pression affective et sociale qui mène à l'intégrisme. Alors, on s'engage avec bonheur dans le chœur des perroquets, on chante tous ensemble les slogans qui donnent une sensation de force et une illusion de pensée.

La surpopulation facilite une telle réaction de défense. Quand on vit dans une mégapole, dans un quartier où l'hyperdensité rend impossible l'attachement, tout voisin fait l'effet d'un étranger. Dans un milieu anomique, on ne peut qu'imaginer ceux qu'on ne peut pas rencontrer[1]. Alors, au moindre dérèglement climatique, social ou institutionnel, on cherche un bouc émissaire à inculper et, croyant avoir découvert la cause du malheur, on se sent mieux… pour l'instant[2]. Dans un contexte en paix, 70 % des jeunes acquièrent un attachement sécure, ce qui leur donne le temps de réfléchir quand ils doivent s'engager. Mais dans un pays en guerre ou en chaos culturel, ce pourcentage diminue énormément selon l'intensité et la durée de la désorganisation sociale. C'est dans cette population de jeunes ayant acquis un attachement insécure qu'on trouve la tendance à se soumettre pour se sentir mieux. Ces jeunes gens acceptent une vérité révélée par un sauveur qui indique la direction d'un bonheur utopique[3].

Les adolescents qui entrent aujourd'hui dans l'aventure sexuelle et sociale connaîtront probablement trois

1. Luhmann N., *La Confiance. Un mécanisme de réduction de la complexité sociale*, Paris, Economica, « Études sociologiques », 2006.
2. Moser G., *Psychologie environnementale. Les relations homme-environnement*, Bruxelles, De Boeck, 2009, p. 169-175.
3. *Machel Study 10-Year Strategic Review, Children and Conflict in a Changing World*, United Nations Children's Fund (Unicef), 2009, p. 17.

ou quatre couples et quatre à six métiers. L'engagement ne tissera plus le même lien d'attachement que celui de leurs parents et grands-parents. Comment vont-ils payer cette liberté ? Éprouveront-ils encore un plaisir à changer de partenaire et de métier, ou ressentiront-ils cette instabilité comme un stress ou une perte répétée ? Dans une grande population, on trouve inévitablement ces deux tendances opposées, mais c'est le contexte social qui fera varier le pourcentage de ceux qui aiment l'angoissante liberté et des autres qui préfèrent la docilité.

On a tous connu le bonheur nécessaire de la soumission, quand on a appartenu à une mère, à un foyer, à un quartier, à une religion et à une culture. Le virage de l'adolescence a été lui aussi nécessaire pour éviter le sentiment de proximité affective étouffante et pour découvrir un nouveau plaisir de vivre. Dans un contexte en paix, un jeune sur trois a peur de l'avenir parce qu'il a acquis trop de facteurs de vulnérabilité ou parce que la société ne lui propose pas d'institutions pour l'accueillir. Un tel jeune, sans entourage ni projet, se laisse parfois séduire par l'emphase d'un discours totalitaire dont la mise en scène extatique, les oriflammes, les tambours et les récits ronflants mettent le feu à son âme errante. Mais après l'extase vient la gueule de bois, comme le racontent ceux qui sortent d'un régime dictatorial ou échappent à une relation d'emprise. L'explication paresseuse pourrait être la suivante : sachant que certains hommes sont capables de commettre des crimes monstrueux, il faut chercher sur leur corps et dans leurs mots les stigmates de la monstruosité. Ayant ainsi construit une représentation logique reposant sur un postulat indémontrable, nous redonnons une cohérence au monde.

Délirer, tous ensemble

La question moins paresseuse serait la suivante : comment de gentils villageois ont-ils pu se laisser entraîner à commettre ou laisser faire l'assassinat méthodique de milliers de voisins ? Comment de grands intellectuels ont-ils pu penser qu'il était moral d'exterminer des êtres humains à cause d'une idée indémontrée ? Comment de gentils papas ont-ils pu tuer des enfants en ayant l'impression de bien faire leur travail ? Au lieu de chercher une explication par la théorie du monstre, je propose de nous intéresser à la dérive du banal. « Comment cela a-t-il pu arriver[1] ? »

Dans les années 1930, il y avait en Basse-Saxe une petite ville, Thalburg, qui menait son chemin sans problème majeur. En octobre 1929, après le « jeudi noir » de l'effondrement de la Bourse de New York, le vote avait donné 2,6 % des suffrages au parti nazi.

---

1. Allen W. S., *Une petite ville nazie*, Paris, Tallandier, 2016, p. 11.

En 1932, le NSDAP obtenait 37,2 % des voix. Quand Hitler fut installé au pouvoir, 43,9 % de la population avait voté pour son programme, et en 1939 le « Parti national-socialiste ouvrier allemand » bénéficiait d'un raz de marée électoral qui lui accordait tous les pouvoirs. Pas d'événement majeur, pas de bombe, pas d'immigration, simplement un discours planteur de haine. Les harangues, pour résoudre les problèmes de la cité, le chômage croissant et la gestion de la ville, s'exprimaient dans un style de plus en plus fiévreux. Au début, les réunions étaient consacrées aux soucis quotidiens des artisans, des commerçants, des fonctionnaires et des retraités. On se disputait normalement, mais on devait aussi affronter un petit groupe de plus en plus conflictuel qui préférait aborder les questions abstraites du nationalisme, de la puissance insidieuse des Juifs et des marxistes. Il n'y avait pas d'antisémitisme à Thalburg, mais la population très religieuse organisait des spectacles, des films, des loteries, des défilés militaires qui mettaient en scène une bataille d'idées contre un ennemi, « le Juif, le socialiste, le sans-Dieu ou, si l'on préférait des généralités vagues, "le système" coupable de tout[1] ».

Le processus qui mène au pouvoir est classique. D'abord, il faut organiser des défilés formidables où la marche puissante, les chants offensifs, les vêtements

1. *Ibid.*, p. 201.

arborant des insignes comme les trois flèches du Front de fer déclenchent de fortes sensations. Puis les discours devront donner des arguments pour légitimer l'indignation, la haine et la juste colère. Alors, on aura du mal à ne pas passer à l'acte, à chercher la bagarre et à casser tout ce qui représente la société qu'on désire abattre, les monuments, les bancs sur les trottoirs et même les écoles : « La violence politique devenait une institution permanente… À Thalburg, il y avait une très faible population juive. D'après le recensement de 1932, elle s'élevait à 120 personnes, sur une population de 10 000 habitants[1]. » Pas de quartier israélite, un tout petit groupe parfaitement assimilé de commerçants, d'enseignants, de musiciens et de sportifs qui se sentaient allemands et en étaient heureux. Pas d'antisémitisme non plus. Pour déclencher la haine, il a suffi que le Parti national-socialiste, dans son journal le *Thalburger*, s'indigne de « la juiverie internationale qui répand une propagande infâme contre l'Allemagne[2] ». Dans le réel : rien. Mais dans la représentation de ce réel inexistant, un discours bien charpenté par une rhétorique claire, affirmative et une mise en scène émouvante, vigoureuse et exaltante qui provoquaient une juste indignation. Les quelques Juifs de Thalburg furent boycottés et, dans leurs relations quotidiennes,

1. *Ibid.*, p. 171 et 285-286.
2. *Ibid.*, p. 286.

ils éprouvèrent le sentiment que le moindre de leurs gestes était interprété avec hostilité. Pour que la haine des nazis devienne une juste colère, il avait suffi de se dire persécuté par les Juifs pour faire cesser « leur campagne de haine et de boycottage des produits allemands[1] ». Ces Juifs ne disaient rien, ils se croyaient allemands, mais les nazis pour légitimer leur désir de violence se disaient en légitime défense. Cette politique de cour d'école (« C'est pas moi, m'dame, c'est lui qu'a commencé ») s'est révélée efficace. Le processus d'inflammation émotionnelle était déclenché et les Allemands antinazis, en argumentant rationnellement pour contrer le discours antisémite, colportaient involontairement leurs affirmations sans preuve. Au début de la guerre, les Thalbourgeois se sont réjouis des victoires de l'armée allemande. La dictature nazie n'avait plus besoin de textes écrits pour imposer sa loi puisqu'elle était appliquée au quotidien par des milliers de microdictateurs. Les ordres n'étaient plus nécessaires, puisque la population était embarquée dans une soumission heureuse.

C'est ainsi qu'on peut se rendre prisonnier d'un discours, on peut y croire, comme à une évidence, quand on ressent au fond de soi l'émotion provoquée par la harangue où tout le monde partage le même sentiment. Les mots ne désignent plus rien de la réalité,

1. *Ibid.*, p. 287.

et pourtant on ressent réellement une colère, un mépris, une indignation qui légitiment le passage à l'acte. Ce processus où l'on se soumet à une représentation verbale coupée de la réalité pourrait s'appeler « délire logique ». Il ne s'agit pas d'une psychose, c'est un délire normal quand nous attachons tellement d'importance à un récit que nous y croyons comme à une Révélation. Alors, pour mieux y croire, nous évitons tout jugement qui risquerait d'atténuer nos émotions. Par cette procédure mentale, nous nous faisons complices non conscients du discours qui nous emprisonne. Est-ce ainsi que l'on pourrait expliquer le pouvoir stupéfiant des sectes quand des personnes bien élevées et intelligentes se soumettent jusqu'à en mourir à un récit stupide ?

Ce problème a été soulevé à la fin du XIXe siècle par deux psychiatres qui s'étonnaient de constater la « folie à deux[1] ». Deux personnes expriment un même délire : « On nous envoie des ondes à travers le lustre... on entre la nuit chez nous pour déplacer les objets... pour mettre des filets de poussière sur la table de la salle à manger... on use nos chaussures en marchant avec elles, la nuit pendant notre sommeil... » Ces deux personnes associent leurs récits pour expliquer un mystère : « Si nos chaussures sont usées, c'est parce

1. Lasègue C., Falret J., « La folie à deux ou folie communiquée », *Archives générales de médecine*, novembre 1877, p. 257-297.

qu'une entité invisible s'en sert pour marcher la nuit. » Devant cette explication à deux, le psychiatre a un choix : il peut croire en cette affirmation confirmée par le témoignage de l'autre, ou bien il peut penser que l'un des deux délire et que l'autre adhère à ce délire. Mais qui délire ? Puisqu'ils décrivent les mêmes faits avec la même conviction, qui est l'inducteur ? Ces deux personnes vivent en intimité, sont attachées l'une à l'autre, sont intelligentes et rendues malheureuses par cette injuste intrusion. Il faudrait les séparer pour découvrir celle qui délire et induit l'autre. Une telle acceptation du délire à deux n'est pas rare dans la pratique quotidienne, elle nécessite que la personne influencée se soit auparavant laissé dépersonnaliser par un amour excessif pour celui qui délire. C'est facile à comprendre dans la relation entre les parents et les enfants, quand un père ou une mère délirante provoque la rescousse de son conjoint non délirant. Ce délire accepté par une personne saine est fréquent dans les couples amoureux et dans les relations d'ascendance où le délirant dominateur communique ses représentations à ses admirateurs. Je me souviens d'une jeune femme très amoureuse d'un jeune paranoïaque. Ses parents n'avaient pas fait le diagnostic mais, se sentant mal à l'aise avec le jeune homme, ils avaient dit leur désaccord à leur fille. Le couple, en s'enfuyant, s'était coupé de toute relation qui aurait pu induire un doute, une protection du partenaire non délirant. Le garçon, devenant de plus en plus méfiant, avait demandé à sa compagne de l'aider à repérer ceux qui voulaient le tuer. La fille, éperdue d'amour et désirant protéger son compagnon, perfectionnait son art de dépister les faux regards, les comportements étranges et les mots qui voulaient dire autre chose que ce qu'ils étaient censés dire. Le couple s'enfuyait, déménageait la nuit pour échapper aux persécuteurs invisibles. En quelques mois, cette jeune femme équilibrée avait acquis la paranoïa de son compagnon. Elle paniquait quand elle dépistait un signe dangereux et effectuait avec lui les rituels magiques destinés à chasser les agresseurs invisibles.

Les dénis de grossesse sont surprenants, quand une jeune femme enceinte jusqu'aux yeux affirme avec conviction qu'elle n'est pas enceinte, et que sa mère auprès d'elle la soutient. Beaucoup d'adolescents, désireux ou contraints de quitter leur famille et ne parvenant pas à prendre une place dans la société, sont tentés par un engagement dans un cercle ésotérique. Ils y trouvent un soutien lors des réunions initiatiques, un sens à donner à leurs efforts et se sentent mieux quand ils acceptent le carcan des réunions, des mots à réciter et de l'argent à donner pour que vive le gourou.

Le sens qu'on donne aux choses modifie la manière de les ressentir. Quand l'aryanisation des biens juifs fut votée en 1941, la population allemande s'est divisée en trois catégories : 40 % des aryanisateurs en ont profité pour se servir ou « acheter » à des prix incroyablement bas les ustensiles domestiques du voisin. Ils entraient dans sa maison, prenaient sa cafetière, déposaient une somme dérisoire pour obtenir un certificat d'aryanisation et rentraient chez eux sans éprouver de honte. La représentation collective était tellement claire que celui qui s'emparait de la cafetière du voisin ne faisait qu'appliquer la loi[1]. D'autres Allemands (40 %) reprenaient à très bon marché une entreprise juive qu'ils développaient pour leur propre compte. La mère d'Hélène Epstein dirige à Prague un atelier de haute couture. Quand elle comprend qu'elle va être arrêtée, elle confie ses bijoux à une employée. Après avoir frôlé la mort à Theresienstadt, elle revient chez elle. Son employée a vendu les bijoux pour acheter légalement l'atelier et le logement. Elle invite gentiment son ex-patronne à partager un repas dans la vaisselle qui, elle aussi, a été aryanisée[2]. Cette situation est adaptée au discours qui a légalisé l'appropriation des biens juifs. Aucune raison d'avoir honte. Seuls 20 % des Allemands ne se sont pas laissé entraîner dans ces bonnes affaires. Quand ils ont acheté des biens, ils les ont payés au prix qu'ils auraient donné à un propriétaire non juif.

Ce processus normal d'acceptation d'une représentation collective est nécessaire pour vivre ensemble, mais il peut facilement dériver vers un discours d'emprise.

1. Hilberg R., *La Destruction des Juifs d'Europe*, Paris, Gallimard, « Folio », 2006.
2. Epstein H., *Le Traumatisme en héritage*, Paris, La Cause des Livres, 2005.

Ceux qui acceptent sans jugement se laissent dépersonnaliser. « La secte [...] est une structure dogmatique de soumission, fermée sur elle-même, dirigée par une autorité absolue... sans contre-pouvoir... dans laquelle l'individu perd sa dimension de personne[1]. » Quand on se sent vulnérable, on accepte facilement des énoncés dogmatiques qui servent de colonne vertébrale intellectuelle. Les pensées tournent autour de quelques prothèses verbales mais, comme dans la folie à deux, les proches, qui sont attachés à celui qui récite, se laissent entraîner pour continuer à partager son affection.

Bienheureuse aliénation

La création de Néo-Phare est un exemple du fonctionnement d'une famille subjuguée par les idées étranges d'un petit homme qui interprète à sa façon la numérologie de la Kabbale. Par un jeu de lettres et de chiffres, l'auteur démontre « logiquement » que le Christ, c'est lui ! Il explique qu'il a prévu les attentats des Twin Towers à New York le 11 septembre 2001 et qu'il est donc capable de prévoir l'apocalypse du 11 juin 2002. Son explication est délirante (coupée du sillon de laboureur), extravagante (qui s'écarte de

1. Jougla S., « Emprise sectaire et processus résilient », *in* E. Baccino, P. Bessoles (dir.), *Victime-agresseur*, tome 3 : *Traumatisme et résilience*, Nîmes, Champ Social, 2003, p. 56.

la vague)[1], mais « son délire systématisé, logique et cohérent, pseudo-scientifique, entraîne la conviction de quelques adeptes qui sont convaincus d'avoir la chance d'être initiés[2] ». L'apocalypse n'a pas eu lieu et le gourou, pour sauver sa théorie, a rendu ses adeptes responsables de l'échec. Un disciple s'est jeté sous les roues d'une voiture et le lendemain une adoratrice désespérée s'est défenestrée d'un château en tenant une tulipe à la main, symbole de la secte à laquelle elle demeurait fidèle.

Quand Hitler, dans son bunker, en 1945, comprend qu'il a perdu la guerre, il en rend responsable son peuple qui n'a pas été assez courageux pour défendre sa merveilleuse utopie. La théorie est préservée, délirante mais préservée. C'est le peuple qui a trahi. Goering est déchu de ses fonctions, au moment où Goebbels rejoint son Führer en avril 1945. Ce docteur en philosophie est aussitôt promu chancelier du Reich le 30 avril 1945, le jour même de son suicide[3]. Ses six enfants jouent dans le bunker. « Ils couraient et chahutaient comme si de rien n'était[4]. » Magda Goebbels les rassemble et leur fait croquer à chacun une capsule de cyanure, avant de se suicider avec son mari. Quand elle perd sa liberté intérieure, la personne est réduite

1. Rey A., *Dictionnaire de la langue française*, *op. cit.*, p. 980 et 1300.
2. Jougla S., « Emprise sectaire et processus résilient », art. cit., p. 58.
3. Bensoussan G., Dreyfus J.-M., Husson E., Kotek J. (dir.), *Dictionnaire de la Shoah*, Larousse, 2009, p. 256.
4. Misch R., *J'étais garde du corps d'Hitler*, Paris, Le Cherche Midi, 2006, p. 202.

à la fonction d'outil destiné à exécuter une volonté supérieure.

La pensée paresseuse trouve aussitôt une explication : « Ces gens sont des malades mentaux, voilà pourquoi ils se soumettent à des idées stupides au point de se suicider ou de tuer leurs propres enfants. » Pourrait-on proposer une autre explication ? Il est normal de se soumettre, c'est ainsi que les enfants apprennent à vivre et à acquérir une estime de soi. Cette idée paradoxale est étayée par les observations expérimentales des travaux sur l'attachement[1]. Un enfant ne peut devenir lui-même que si un autre a structuré son âme : sa mère, son père, sa langue maternelle, son quartier, les valeurs et les stéréotypes de sa culture possèdent ce pouvoir. La soumission primordiale structure notre identité, mais on doit s'en dégager pour poursuivre notre développement personnel. « La mise en relation avec les mécanismes de coping, de dégagement ou avec la résilience [...] sont susceptibles d'une observation ou d'une analyse scientifique[2]. » Ce bénéfice à se laisser emprisonner n'est pas une maladie mentale, c'est une difficulté à penser par soi-même dans un foyer où l'attachement n'a pas été sécurisant (évitant, ambivalent ou confus), ou parce que le contexte culturel

1. Friard D., « Mécanismes de défense », *in* M. Formarier, L. Jovic (dir.), *Les Concepts en sciences infirmières*, ARSI (Association de recherches en soins infirmiers), 2012, p. 213.
2. Thapar A., Pine D. S. *et al.* (dir.), *Rutter's Child and Adolescent Psychiatry*, New York, Wiley and Sons, 2018.

n'a pas tutorisé le sujet qui, devenu errant, demande à être capturé. Quand on a acquis une telle vulnérabilité, on accepte les pensées préfabriquées, qui servent de prothèse. Daniel Zagury nous dit : « Lors de mes nombreuses expertises pour emprise mentale [...], j'ai observé un fort sentiment d'appartenance familiale. Mais je n'ai relevé aucune affection psychiatrique, aucun trouble majeur[1]. » Le besoin d'appartenir à un groupe pour se sentir soi-même et de discuter des problèmes communs pour structurer son propre monde mental explique les folies partagées. Il s'agit d'un phénomène normal, d'un besoin identitaire fragilisé par une défaillance relationnelle ou culturelle.

Les Amérindiens du Mexique utilisent depuis longtemps le suc d'un cactus sans épine, le peyotl, pour déclencher un phénomène psychique qu'ils partagent avec le groupe. Deux ou trois heures après l'ingestion, la substance provoque une euphorie, une sorte d'ivresse avec hallucinations. L'Indien, se sentant devenir Autre, ressent des autoscopies : il se voit lui-même comme si son âme flottait au-dessus de son corps. Ce phénomène physiologique est utilisé lors de cérémonies religieuses pour créer une initiation au moment où, tous ensemble, les Indiens éprouvent le sentiment d'avoir voyagé dans un monde autre que celui de la réalité, comme un élan

1. Zagury D., *La Barbarie des hommes ordinaires*, Paris, Éditions de l'Observatoire, 2018, p. 87.

vers la spiritualité. En Occident, l'alcool peut prendre cette fonction initiatique lors de soirées festives arrosées, organisées comme un rite de passage quand on quitte le célibat, quand on signe un contrat ou quand on part à la retraite. L'intoxication alcoolique partagée crée un sentiment initiatique où l'après ne sera plus jamais comme avant. Ce moment de folie partagée unit les partenaires et les fait basculer dans un monde nouveau. Ainsi fonctionnent les cérémonies cultuelles, les folies à deux et les délires familiaux.

Il n'est pas rare qu'une émotion violente provoque un effet extatique, coléreux ou effrayé dans une famille où il n'est pas nécessaire d'ingérer une substance pour provoquer un bouleversement émotionnel. Un événement, une relation qui modifie la sécrétion des neuromédiateurs fait voir le monde autrement. Une bonne nouvelle nous euphorise en augmentant la sécrétion de sérotonine, une déclaration d'amour accroît le taux d'ocytocine (neurohormone de l'attachement), et une relation d'emprise suggérée par une personne influente peut nous mettre en alerte constante, en intensifiant les substances d'alarme, comme le cortisol et les catécholamines si on s'y oppose ou, au contraire, une sérotonine apaisante si l'autorité nous sécurise.

C'est ce qui est arrivé aux onze membres d'une famille plutôt équilibrée qui éprouvaient un fort sentiment d'appartenance parce qu'ils étaient unis par l'amour d'un château. Cette famille, subjuguée par un petit bonhomme paranoïaque, s'est laissé enfermer dans son domaine de Monflanquin, parce qu'elle avait adhéré au délire de cet homme. Ghislaine de Védrines vivait dans une famille riche, brillante et conflictuelle dans la région de Bordeaux[1]. Elle dirigeait à Paris une école de secrétariat pour jeunes filles de bonne famille. La gestion devenait difficile et Mme de Védrines traversait une période douloureuse. Son père était mort deux ans auparavant et sa sœur aînée, sa deuxième mère, l'avait suivi l'année suivante. Son mari n'était plus disponible parce qu'il était monopolisé par la création de son propre journal. Elle se retrouvait seule, triste, débordée par mille problèmes. C'est alors que Thierry Tilly, l'homme de ménage qui nettoyait l'école, est entré dans son monde en lui donnant de simples conseils. Elle dit : « Je vais petit à petit apprécier de l'entendre, et même rêver de l'entendre, car il va rapidement se confondre avec un sentiment de soulagement... Quel réconfort de savoir un tel homme à nos côtés dans cette période si difficile[2]. » Elle se sent mieux quand il est près d'elle, elle se fie tellement à lui qu'elle ne met pas en doute le secret qu'un jour il lui révèle : « Je suis un agent secret de l'OTAN, chargé de combattre l'emprise croissante de la franc-maçonnerie[3]. » Ça y est ! L'hameçon a accroché

1. Védrines G. de, Marchand J., *Diabolique. L'effroyable histoire d'une famille. Les reclus de Monflanquin*, Paris, Pocket, 2015.
2. *Ibid.*, p. 13-14.
3. *Ibid.*, p. 35.

cette femme d'habitude lucide et courageuse mais qui, dans un moment de vulnérabilité, a eu besoin d'une base de sécurité. C'est ce petit homme mythomane et complotiste qui va la sécuriser et la dépersonnaliser, en établissant avec elle une relation d'emprise. Elle va tout accepter de lui, elle va croire qu'il la protège avec ses équipes invisibles et que, pour être sauvée, il suffit de faire ce qu'il dit : vendre le château, les biens immobiliers et transférer l'argent sur un compte en Angleterre auquel les francs-maçons et les Juifs n'ont pas accès. Ça y est, le processus est enclenché ! Quand on gobe sans critiquer la première phrase délirante, l'enchaînement des autres énoncés est facilement accepté. Comme dans la folie à deux où l'esprit sain est entraîné dans le délire de l'autre, comme dans le déni de grossesse où la mère non enceinte affirme contre toute évidence que sa fille n'est pas enceinte, comme dans le syndrome de Stockholm où la personne emprisonnée terriblement anxieuse adhère aux idées de son geôlier dès qu'il établit avec elle une relation sécurisante, le processus est le même dans une société en détresse quand un Sauveur lui promet ce qu'elle espère : l'ordre, le bonheur et la paix. Une relation d'emprise s'installe facilement quand un influenceur apaise un attachement anxieux : « Je rêve de l'entendre… il me donne un sentiment de soulagement », disait Ghislaine. On cède au chant des sirènes quand tout s'effondre autour de soi, on abandonne la liberté pour une promesse de bonheur : « Obéissez, disait Hitler au peuple allemand humilié, et je vous donnerai mille ans de bonheur. » Alors le peuple a obéi. Il a gobé le leurre qui lui promettait ce dont il rêvait : sortir de la ruine, bâtir une nouvelle société. Ce peuple instruit a avalé l'appât tant il avait besoin d'un récit grandiose pour réparer son humiliation. *Mein Kampf* a joué ce rôle. Douze millions d'Allemands l'ont acheté, ils ont feuilleté quelques phrases et ont posé le livre bien en évidence sur une table pour en faire un signe d'appartenance. « Vous aussi vous lisez *Mein Kampf*, nous partageons la même vision du monde. L'auteur de ce livre, notre sauveur, dit ce qu'il faut penser pour faire renaître l'espoir. Il sait d'où vient le mal et dicte nos conduites. C'est écrit. » Les rares Allemands qui ont lu ce livre ont été stupéfaits. Le récit incohérent décrit une réalité imaginaire, une belle histoire qui ne désigne rien du réel, et qui pourtant redonne du bonheur au désespéré : « Je me sentais minable, tout le monde me méprisait. Mais depuis que je raconte… que je suis médecin à l'OMS[1]… que j'ai des origines grandioses… que j'appartiens à la race supérieure… que mon représentant, mon chef adoré, mon Führer, me dit ce que je dois faire, comment je dois m'habiller, marcher au pas, prendre les armes, pour regagner la place que je mérite… j'éprouve alors un sentiment de bonheur. »

1. Carrère E., *L'Adversaire*, Paris, POL, 1999. Histoire de Jean-Claude Romand qui a tué ses parents, sa femme et ses enfants au moment où ils risquaient de découvrir qu'il n'était pas médecin à l'OMS.

Cette croyance est un leurre, puisque le récit ne désigne rien du réel. On n'a jamais trouvé les origines aryennes des peuples germaniques et aucun dosage biologique n'a confirmé la qualité supérieure des blonds, mais ce discours du Sauveur procurait une telle euphorie en plein désespoir, un tel soulagement que les croyants fermaient les yeux, ne demandaient qu'à croire. L'amour de la nature, le romantisme, la beauté des surhommes blonds, la foi en des jours meilleurs, la guerre contre le Mal, les Juifs, les Slaves, les malades mentaux et les mécréants faisaient vivre un imaginaire merveilleux : « Aucun autre mouvement [...] ne suscita chez les jeunes un tel enthousiasme[1]. » Ces idées ne représentaient rien du monde réel, mais ça n'avait aucune importance puisque seul comptait le sentiment de bonheur qui survenait en plein marasme. Quand on a besoin de se soumettre à une influence bénéfique, on peut croire à n'importe quoi, mais il faut alors haïr ceux qui contestent cette croyance car ils brisent les défenses et empêchent d'être heureux.

Ghislaine se sentait tellement protégée par Tilly que lorsque Jean, son mari, a voulu lui ouvrir les yeux, elle a haï celui qu'elle aimait. Elle a préféré croire son protecteur qui venait de lui révéler que ses services secrets avaient découvert que Jean (le père) avait engagé

1. Mosse G. L., *Les Racines intellectuelles du Troisième Reich*, Paris, Mémorial de la Shoah/Calmann-Lévy, 2006, p. 201.

des tueurs asiatiques pour assassiner leurs enfants[1]. Désormais, la famille était clivée en deux camps irréductibles. Les onze reclus de Monflanquin, étonnamment soumis à un récit coupé du réel qui s'était emparé de leur âme, étaient composés d'un médecin, de quelques étudiants, d'une grand-mère cultivée, d'une femme entrepreneuse qui s'étaient isolés pour mieux se protéger : « Nous n'avons plus d'amis, nous ne comptons que des ennemis[2]. » L'autre partie de la famille, horrifiée par la réclusion et la ruine totale, en voulant aider les reclus, avait provoqué leur agressivité. Jean, le mari, journaliste apprécié, avait alerté les médias qui firent des enquêtes sérieuses. Le journal *Sud-Ouest* publia « une page entière intitulée "Huis clos mystérieux au château de Martel[3]" ». Les reclus firent un procès pour atteinte à la vie privée et le journal fut condamné à leur payer 23 000 euros. Cette somme est partie à Londres dans la banque amie où les francs-maçons et les Juifs n'étaient pas admis. Les reclus triomphants aggravaient leur asservissement à Tilly le Sauveur.

Je me demande pourquoi certains membres de cette famille ont participé à leur propre aliénation alors que d'autres s'y opposaient. Un être humain est aliéné, au sens marxiste du terme, « quand [...] il est détourné

1. Védrines G. de, Marchand J., *Diabolique. L'effroyable histoire d'une famille*, *op. cit.*, p. 247.
2. *Ibid.*, p. 301.
3. *Ibid.*, p. 276.

de sa conscience par des conditions économiques[1] ». Le plus souvent, il s'agit d'un homme ou d'une femme qui, ne possédant aucun moyen de production, aliène sa liberté pour survivre en se laissant réduire en esclavage, comme dans la Rome antique[2], comme le prolétaire à l'époque industrielle ou la prostituée de tous les temps. Dans la relation d'emprise, c'est un Autre qui s'empare de l'âme de l'aliéné. Dépossédé de sa conscience, il se laisse posséder par la conscience d'un autre auquel il attribue une supériorité. Chez les reclus de Monflanquin, une partie de la famille s'est laissé posséder, alors qu'une autre s'y est opposée. Pourquoi cette différence ? On peut faire l'hypothèse que les possédés avaient acquis une vulnérabilité structurale au cours de leur développement ou lors d'une période difficile de leur existence. À l'opposé, les résistants avaient pu construire une conscience de soi, une assertivité qui leur a donné la force de rester eux-mêmes, bien structurés, capables de ne pas se laisser posséder. La famille Védrines, riche et cultivée, avait subi des facteurs de vulnérabilité économique (gestion de l'école) et personnelle (développement anxieux). Une telle fragilisation se trouve à tous les niveaux de la société, mais sa probabilité est plus grande quand les conditions socioculturelles sont adverses.

1. Rey A., « Aliénation », *Dictionnaire de la langue française*, *op. cit.*, p. 78.
2. Ariès P., Duby G. (dir.), *Histoire de la vie privée*, tome I : *De l'Empire romain à l'an mil*, Paris, Seuil, 1985, p. 61-79.

Dans l'Empire romain, et jusqu'à l'an mil en Occident, personne ne contestait l'esclavage, c'est ainsi qu'on fabriquait du social. La socialisation archaïque se réalisait grâce à la domination. Il faut ressentir une paix intérieure et vivre dans une société organisée pour couler des jours heureux sans avoir besoin de domination. La morale de cette époque consistait simplement à être « bon maître » ou « bon esclave ». Même la chrétienté, qui a permis un progrès en disqualifiant la violence, en tendant la joue gauche, en donnant aux femmes une dignité avec Marie, n'a pas contesté l'esclavage et plus tard a participé aux guerres de religion et de colonisation. À Rome, un homme sans famille et sans maison s'offrait comme esclave et se laissait dominer pour ne pas mourir seul dans la rue. En se resocialisant ainsi, il se mettait en situation de dépendance infantile. Le maître pouvait donc le battre et quand une bourgeoise était propriétaire d'une servante, elle n'hésitait pas à la mordre quand elle n'était pas contente de son travail[1]. Quand un groupe humain est infantilisé, la moindre rébellion fait l'effet d'un parricide. La punition d'un mauvais fils ou d'un esclave révolté paraissait morale.

1. *Ibid.*

Toute-puissance du conformisme

De nos jours, quand un peuple est infantilisé, il intériorise la loi du plus fort et lui attribue une valeur morale. En 1943, Hélène Berr prépare à la Sorbonne une agrégation d'anglais. Pour se détendre elle entre dans un jardin public près de Notre-Dame. Aussitôt une voisine téléphone au commissariat pour signaler cette transgression car Hélène a cousu sur sa poitrine l'étoile de David. Quand la police arrive pour arrêter la délinquante, la voisine, dans sa juste indignation, s'écrie : « Les Juifs se permettent tout[1] ! » Quand nous nous soumettons à la doxa des phrases stéréotypées et que nous les acceptons sans jugement, nous sommes proches de la morale du bon maître qui bat son esclave, de la colère de la bourgeoise qui mord sa femme de ménage et de la voisine indignée qui appelle la police parce qu'une étudiante juive a osé s'asseoir dans un jardin public. Penser par soi-même est un degré de liberté intérieure. Mais au XXIe siècle, quand l'esclavage a théoriquement disparu, quand on mord beaucoup moins sa femme de ménage, quand un Juif peut s'asseoir dans un jardin public, la mémoire collective ne transporte plus dans ses récits la représentation d'une

1. Berr H., *Journal suivi de Une vie confisquée*, préface de Patrick Modiano, Paris, Tallandier, 2007 (prix Corrin, Histoire de la Shoah, 2015).

hiérarchie des personnes où l'une possède le pouvoir de s'imposer à l'autre.

La notion de « penser par soi-même » qui donne accès à un degré de liberté est certainement illusoire quand les neurosciences et la clinique démontrent qu'un enfant seul, sans altérité, ne peut pas penser. Une influence dominatrice est nécessaire. C'est grâce à elle qu'un enfant est tutorisé vers l'acquisition d'un tempérament, vers l'apprentissage de la langue maternelle, vers le respect des rituels qui socialisent. Il faut quelque chose à penser pour que cette influence soit personnalisante. Les enfants hyperactifs ont un déficit de l'attention tel qu'ils apprennent mal et se socialisent mal. Quand ils ne reçoivent pas l'empreinte de leur milieu parce que la mère est morte, la famille en lambeaux ou le pays en catastrophe économique, les enfants devenus errants, anomiques, indéterminés sont soumis à leurs pulsions qu'ils n'ont jamais appris à contrôler. Mais, à l'inverse, quand l'influence de l'autre est dépersonnalisante parce qu'elle s'empare du monde intime, parce que le père est un tyran domestique ou parce que la société totalitaire empêche tout jugement, certains ressentent cette emprise comme une certitude morale et sont fiers de se soumettre. Ceux qui refusent la loi imposée par un chef ont un choix tragique : ils peuvent s'adapter en éteignant toute vie psychique, ils peuvent s'enfuir ou prendre les armes.

L'Autre en moi est nécessaire quand il me permet de m'attacher, de parler la langue convenue, de construire un monde de récits et d'y habiter avec ceux à qui je ressemble. Mais quand l'Autre me chasse de moi-même, il me possède comme si j'étais son esclave. Probablement le conformisme permet la régulation entre ces développements nécessaires et opposés. Sans Autre, je deviens personne, comme on le voit dans les abandons d'enfants et dans les isolements sensoriels. Mais quand l'Autre me possède, je ne peux pas devenir moi-même, poursuivre mon propre développement. L'Autre en moi permet l'attachement, la langue maternelle, l'identité de soi et du groupe, les opinions et les croyances partagées qui agrègent les individus. Mais quand l'Autre en moi s'empare de mon monde intime, je suis possédé, je deviens personne.

L'ajustement entre ces deux besoins contraires se fait comme une transaction. Quand l'Autre est paranoïaque, il croit que ce qu'il pense est la seule vérité et s'indigne qu'on ne s'y soumette pas, il trouve moral que la police impose sa pensée. Quand l'Autre est mythomane, il invente un monde de récits qu'il introduit facilement dans l'âme du peuple puisqu'il lui dit ce qu'il espère. Mais quand l'Autre est à la fois paranoïaque et mythomane, vous votez pour lui ! Difficile de penser par soi-même quand nous avons besoin de l'influence des autres pour devenir nous-mêmes, et qu'ensuite nous devons nous en distinguer pour poursuivre le développement de notre personnalité. Jusqu'à quel point doit-on accepter l'influence des autres ? « [...] un rassemblement d'individus [...] a décidé de taire son individualité pour créer une entité appelée "groupe" [...] une identité collective est définie par des caractéristiques communes [...]. L'individu se laisse influencer, se conforme au groupe car celui-ci est attrayant[1]. » Il y aurait donc des individus avides de se laisser influencer à cause d'un développement fragilisant ou d'un moment difficile ? Même les individus bien personnalisés se laissent influencer quand ils sont attirés par un groupe dont l'image leur convient, ce qui explique leur conformisme volontaire.

Le groupe des sapeurs-pompiers possède une forte identité et une belle image. Les hommes sont souvent grands, baraqués, taille fine et pectoraux gonflés, avec une gueule de baroudeur sympathique. Les femmes qui s'engagent offrent, elles aussi, une belle image de courage et de générosité. Comment une collectivité pourrait-elle ne pas héroïser ces hommes et ces femmes ? Comment un enfant pourrait-il ne pas avoir envie de leur ressembler ? Lorsqu'un groupe humain a besoin de héros, c'est qu'il est en difficulté et qu'il espère qu'un sauveur viendra le protéger. C'est la mission des

1. Crombez-Bequet N., *Approche éthologique du conformisme et de la dissonance cognitive au sein des sapeurs-pompiers. Étude des liens entre le conformisme, l'attachement et l'estime de soi*, mémoire de diplôme d'université « Attachement et systèmes familiaux », université de Toulon, septembre 2021.

pompiers, qui interviennent de moins en moins contre les incendies et de plus en plus pour des accidents de civilisation. Le sentiment d'appartenir à un groupe admiré donne sens à leurs efforts et facilite leur conformisme. Ce processus d'influence souhaitée sélectionne les perceptions, organise les croyances et oriente les conduites afin d'être conforme à l'ensemble des individus du groupe admiré[1]. Ce conformisme possède un effet fortifiant : « Je fais comme il faut… si je parviens à devenir comme eux, je serai aimé et admiré. » Quand les enfants d'instituteurs voulaient devenir instituteurs, quand les enfants de paysans admiraient l'expérience de leur père, quand certaines familles engendraient des lignées de soldats rêvant de défendre la France, ce processus d'identification fabriquait du bien-être, de la fierté mais aussi de la norme pas toujours justifiée : « L'identification à un objet idéalisé contribue à la formation et à l'enrichissement […] de la personne[2]. » Rêver de devenir pompier admiré constitue une étoile du Berger qui indique le chemin. Dès l'instant que l'on a un projet et un idéal de soi, on sélectionne les informations qui permettent la réalisation de ce projet, on partage les croyances du groupe qui nous sécurise et nous renforce, et on s'entraîne à se conduire comme ceux qu'on admire. Le conformisme devient ainsi une

---

1. Maurin E., *La Fabrique du conformisme*, Paris, Seuil, 2015.
2. Laplanche J., Pontalis J.-B., *Vocabulaire de la psychanalyse*, *op. cit.*, p. 186.

force d'intégration. L'emprise est désirée, on donne du pouvoir à celui qui nous conduit pour notre plus grand bien.

Pour que ce processus se poursuive jusqu'à la maturité, il faut que la personne devienne capable de se déprendre de l'emprise. « Il faut prendre par la main pour conduire à l'émancipation », m'a dit un jour Jean-Pierre Pourtois. L'accès à l'autonomie ne se fait pas lorsque le sujet a acquis une vulnérabilité développementale. Il a toujours besoin d'un guide pour lui prendre la main. Parfois une fragilité momentanée attribue une importance imméritée à un père, à un prêtre ou à un gouvernement. La défaillance vient souvent de l'organisation sociale qui s'occupe mal de la petite enfance, ce qui prépare aux incivilités, à la délinquance et aux dépressions qui coûtent à l'État infiniment plus cher que l'investissement dans les premières années de la vie. Quand un enfant a été chassé de sa famille désorganisée, chassé de l'école où il n'apprenait rien, chassé de l'adolescence où il n'avait pas accès à la culture, chassé de l'armée qui n'a pas voulu de lui, chassé de la société où il ne savait rien faire, ce jeune homme a tout d'un coup été dynamisé par un djihadiste qui lui a donné une estime de soi et un sens à sa vie en l'envoyant assassiner des enfants dans une école juive et des musulmans qui ont trahi l'islam en s'engageant dans l'armée française. C'est ainsi que les djihadistes connaissent quelques mois de bonheur avant de commettre leur crime en souriant. Quand un homme prétend avoir tout compris et désire imposer sa vérité, il trouvera toujours quelques âmes blessées qui se laisseront influencer par un souverain sûr de lui, imperméable à toute contestation qui, en prétendant les sauver, asservira ceux qui croient en lui.

Imiter, c'est être avec

On disait que, dès les premières années, l'imitation était une réaction banale de copie du comportement des autres. On nuance aujourd'hui en expliquant que l'imitation est plus qu'une copie, c'est un moyen de communication qui établit une relation[1]. Quand un enfant en imite un autre, il exprime par ce comportement qu'il désire habiter le même monde que le compagnon imité. Quand un petit dans une crèche tape dans la purée pour la faire éclabousser, il est bien rare qu'il ne soit pas imité par d'autres enfants qui signifient par ce jeu : « Je suis avec toi puisque nous tapons ensemble dans la purée. » Il s'agit d'une synchronisation des émotions et des mondes mentaux importante pour les enfants, malgré l'opinion divergente des mamans éclaboussées.

La première imitation apparaît chez les nouveau-nés de 2 semaines qui ne peuvent pas ne pas imiter les

1. Nadel J., *Imitation et communication entre jeunes enfants*, Paris, PUF, 1986.

mimiques faciales de la figure d'attachement. Quand un adulte familier tire la langue, le bébé répond en tirant la langue... en fronçant les sourcils... en ouvrant la bouche... ou en faisant la moue, comme le fait l'adulte[1]. Cette performance perceptuelle et motrice révèle comment, dès les premières semaines de l'existence, un être humain est tellement sensible à ce qui vient des autres qu'il lui est difficile de ne pas y répondre : il synchronise son monde avec celui de ses proches. Plus tard, vers 18-24 mois, l'imitation peut être différée. Cela prouve qu'il peut désormais répondre à ce qu'il a vu et gardé dans sa mémoire. En imitant le comportement passé d'une figure d'attachement, l'enfant répond à une stimulation qui n'est plus dans le contexte, il est devenu capable de symboliser, il peut répéter ce qu'un autre par le passé a implanté dans son monde mental. L'enfant peut manifester des échopraxies (répétition de gestes) et des écholalies (répétition de sons), même quand l'adulte n'est plus dans le contexte. L'enfant commence à s'autonomiser parce que dans sa mémoire il a reçu l'empreinte de l'adulte. Pour devenir soi-même, il faut avoir été imprégné par un autre ; pour mener quelqu'un à l'émancipation, il faut lui avoir tenu la main ; pour penser par soi-même, il faut avoir été avec les autres. Cela explique pourquoi

1. Meltzoff A. N., Moore M. K., « Imitation of facial and manual gestures by human neonates », *Science*, 1977, 198 (4312), p. 74-78.

les enfants non guidés ont du mal à s'émanciper, ils divaguent et se sentent mieux quand ils ressentent l'emprise d'un autre. La répétition des mots d'un autre est nécessaire pour apprendre sa langue maternelle. La récitation prend alors « une fonction de réassurance, autostimulation, autoérotisme[1] ». C'est ce qui se passe quand une personne désorientée se réoriente en adhérant aux mots d'une figure sécurisante, comme c'est le cas dans l'éducation, dans les prières des croyants, dans les slogans politiques, dans toute relation où un sujet incertain cherche un tuteur rassurant.

L'imitation devient intentionnelle dès les premières rencontres. Les tours de parole se mettent en place quand la prosodie, la musique des mots, indique que le locuteur s'apprête à céder la parole[2]. Cette performance intellectuelle nécessite que l'enfant ait accès à ce qu'on appelle la « théorie de l'esprit », quand il devient capable de se figurer les représentations d'un autre : si je ralentis mon débit, baisse le ton et articule mieux, l'autre va comprendre que je m'apprête à lui céder la parole. Si, dès le 14e mois, je pointe du doigt pour désigner un objet éloigné, je vais agir sur

1. Edelbaum G., « Écholalie », *in* D. Houzel, M. Emmanuelli, F. Moggio (dir.), *Dictionnaire psychopathologique de l'enfant et de l'adolescent*, Paris, PUF, 2000, p. 283.
2. Meltzoff A. N., Gopnik A., « The role of imitation in understanding persons and developing a theory of mind », *in* S. Baron-Cohen, H. Tager-Flusberg, D. J. Cohen (dir.), *Understanding Other Minds*, Oxford, Oxford University Press, 1993, p. 335-366.

son monde mental[1], je vais le piloter et nous vivrons ensemble.

Cette aptitude à se décentrer de soi pour se représenter le monde mental d'un autre et agir sur lui au moyen de gestes et de mots nous permet d'apprendre une même langue et d'harmoniser nos mondes mentaux. Ce qui revient à dire que subir l'influence des autres est nécessaire à notre développement. On ne peut pas être par soi-même, alors comment voulez-vous penser par soi-même ?

On a pu rendre observable que la simple présence d'un autre modifie notre monde mental et même notre manière de voir le monde et de l'évaluer[2]. Un observateur demande à une personne d'estimer la longueur de bâtons dessinés sur deux feuilles. Sur l'une d'elles, il trace un seul bâton et sur l'autre il en dessine trois de longueurs inégales. L'observé doit désigner parmi ces bâtons celui qui s'approche le plus de la longueur du bâton seul. L'observé trouve facilement le bâton qui a la même longueur. Mais, quand l'observateur fait participer deux compères qui, volontairement, indiquent un bâton d'une autre longueur, l'observé se laisse influencer et, pour être en accord avec ses

1. Robichez-Dispa A., Cyrulnik B., « Observation éthologique du geste de pointer du doigt chez des enfants normaux et des enfants psychotiques », *Neuropsychiatrie de l'enfance et de l'adolescence*, mai-juin 1992, 40 (5-6), p. 292-299.
2. Asch J. E., « Effects of group pressure upon the modification and distortion of judgments », *in* H. Guetzkow (dir.), *Groups, Leadership and Men*, Pittsburgh, Carnegie Press, 1951, p. 177-190.

voisins, il choisit comme eux le bâton qui n'a pas la même longueur.

Dans une autre expérience, moins précise mais plus illustrative, Asch demande à une personne observée de s'asseoir dans une salle d'attente. La personne est seule, lorsque soudain, une fumée noire sort d'un soupirail. Rapidement l'observé se lève et cherche à signaler l'événement. Quand trois compères entrent et s'assoient dans la salle d'attente sans manifester d'inquiétude, la fumée qui sort du soupirail est toujours la même, mais l'observé ne cherche plus à signaler l'inquiétant incident.

Depuis quelques décennies les neurologues expliquent cette étonnante imitation émotionnelle et comportementale grâce à la découverte des neurones miroirs[1]. Le simple fait de voir quelqu'un effectuer un geste intéressant prépare notre cerveau à effectuer le même geste. Lorsqu'on a faim et qu'on voit une personne tendre la main vers un sandwich, les neurones qui stimulent les muscles de notre bras droit dégagent de l'énergie en envoyant des influx vers cette région du corps. Le simple fait de voir prépare à agir de même. La synchronisation des actes moteurs entraîne la synchronisation des émotions. Voir quelqu'un danser donne envie de danser et voir quelqu'un vomir donne envie de vomir. Des neurologues brésiliens ont

1. Rizzolatti G., Sinigaglia C., *Les Neurones miroirs*, Paris, Odile Jacob, 2008.

observé en neuro-imagerie le cerveau de personnes qui regardaient un film dégoûtant où un homme sale et brutal mange de manière répugnante. Leurs mimiques faciales exprimaient leur dégoût et la résonance magnétique montrait que leur cerveau dégageait beaucoup de chaleur dans la zone de l'insula, dans l'aire cingulaire antérieure, dans le cortex orbitofrontal et surtout dans l'amygdale rhinencéphalique[1], révélant ainsi que le sujet éprouvait un fort dégoût. Dans cette observation expérimentale, la stimulation d'un circuit de neurones précis a été provoquée par la simple vue d'une image.

Le pouvoir des neurones miroirs de nous faire faire les mêmes gestes et ressentir les mêmes émotions que notre voisin inducteur explique comment un psychisme peut gouverner un autre psychisme par séduction, par suggestion, par ascendance, par emprise ou par production artistique. C'est ainsi que fonctionnent les neurones miroirs quand on va au théâtre : on paie, on s'assoit dans un espace décoré de façon à créer une attente d'événement. Avant même que les comédiens n'entrent en scène, on se met en disposition mentale pour que nos neurones miroirs accueillent les artistes. Parfois les circonstances de l'existence, les malheurs, les inquiétudes nous ont rendu vulnérable et offrent

1. Fontenelle L., Oliviera-Souza R., Moll J., « The rise of moral emotion in neuropsychiatry », *Dialogue in Clinical Neurosciences*, 2015, 17 (4), p. 413.

nos neurones miroirs à ceux qui sauront les allumer. Les acteurs talentueux, les orateurs, qui, avec leurs gestes et leurs mots, sauront stimuler ces neurones et parfois les enflammer pourront embarquer les spectateurs dans une indignation ou une colère dont ils auront été complices puisqu'ils sont venus au rendez-vous théâtral ou politique avec le désir d'être enflammés. C'est ainsi que sont créées les délicieuses extases artistiques, les vertueuses indignations et les haines de clan. Nous préférons les émotions supportables quand nous nous laissons séduire par de jolies femmes ou de beaux jeunes gens afin de ressentir un léger trouble sexuel, comme un baiser de cinéma. Mais quand nous sommes vulnérables, ce léger trouble physiologique prend une importance démesurée et nous nous laissons hameçonner.

Si par malheur nous pouvions supprimer le malheur de la condition humaine, nous fermerions les librairies et ruinerions les théâtres. Est-ce ainsi que nous pourrions expliquer la puissance du conformisme quand nous cherchons à nous mettre en accord, en harmonie avec les inconnus qui participent au groupe auquel on désire appartenir ?

Nous suivons les prophètes quand ils parlent de nos craintes et de nos espérances. Tout autre discours n'éveille pas d'intérêt, la banalité des mots n'a pas d'effet d'oracle, il faut un peu d'emphase pour s'emparer d'une âme[1]. Quand une personne n'a pas pu acquérir la confiance en soi au cours de son développement ou l'a perdue lors d'une épreuve de l'existence, le conformisme sert de prothèse. On se confie, on se fie aux autres pour se sentir étayé, on évite de vérifier par peur de douter, de penser par soi-même, hors du groupe, on ne demande qu'à croire pour se sentir apaisé. D'autres personnes, au contraire, ont acquis une trop bonne estime de soi et une mauvaise estime des autres, celles-là n'ont pas besoin de plaire ni de se conformer puisqu'elles sont convaincues d'avoir raison : « Je pense ainsi, donc c'est vrai puisque je le pense. Je n'ai aucune raison de douter et je m'indigne qu'on ne pense pas comme moi, puisque j'ai raison. » J'ai bien connu un homme qui, après une vie d'aventures commandées par son engagement militaire, s'est effondré quand il a été mis à la retraite. Il ne savait que faire ni où aller quand il a rencontré Gurdjieff. Cet homme exprimait une forte personnalité parce que, n'étant jamais influencé par un autre, il n'avait aucune concession à faire : « Je suis aspiré par mes pensées, par mes souvenirs, mes désirs, mes sensations… par le bifteck que je mange, la cigarette que je fume, l'amour que je fais[2]… » La confiance que cet homme avait en lui-même, l'assertivité de ses réflexions irradiaient mon

1. Vernant J.-P., *Œuvres. Religions, rationalités, politique*, Paris, Seuil, 2007.
2. Gurdjieff G. I., *La vie n'est réelle que lorsque « Je suis »*, Monaco, Éditions du Rocher, 2010.

ami, qui se sentait réconforté auprès de lui. L'auditoire aimait être fasciné par ce penseur original qui, incapable de se décentrer de lui-même, ressentait toute question comme une agression. Un jour où mon ami osa un petit doute, Gurdjieff s'immobilisa, furieux, et articula : « Vous... absolue merdité ! » Ce fut la fin de leur amitié car, l'expression du maître ne faisant plus impression dans l'élève, il ne pouvait plus le diriger. L'expulsion du groupe de croyants, en lui rendant sa liberté de penser, le renvoyait à son incertitude. Obligé de partir, il regretta son maître, sa fortifiante autorité, et commença à déprimer.

Le simple fait de vivre dans un groupe permet d'apprendre, sans savoir qu'on apprend. Il n'est pas nécessaire d'utiliser des mots pour transmettre un savoir. Une attitude paraverbale oriente l'attention. Une image, un silence, une musique de mots, un tremblement de la voix peuvent mettre en lumière un non-dit. Quand on vit dans un groupe sécurisant et stimulant, quand un signal paraverbal attire l'attention sur un phénomène, l'apprentissage peut se faire en dehors de toute parole.

En clinique neurologique, un petit accident vasculaire pariétal inférieur droit provoque une négligence des informations venant de l'espace gauche. Le malade, ainsi altéré, perçoit les objets situés dans son espace gauche, mais ne sait pas qu'il les a vus. Il évite les obstacles qu'on a placés sur sa gauche et soutient qu'il n'y en avait pas. Le neurologue dessine un cadran d'horloge et demande au patient de le recopier : il ne reproduit que la partie droite et néglige tout ce qui était à gauche. Il ne se rase que la partie droite du visage dont le reflet était à sa droite dans le miroir et laisse les poils sur son hémiface gauche. Quand on lui demande de lire le vers « Les sanglots longs des violons de l'automne », il dit : « ... violons de l'automne » et affirme qu'il a tout lu. Alors, on lui propose de reconstituer un puzzle avec un ballon et un bouquet de fleurs. Il met vingt minutes pour recomposer la partie droite du ballon et des fleurs, en ignorant les fleurs et la moitié du ballon à gauche. Une semaine plus tard, il ne met que dix minutes à refaire le puzzle parce qu'il a gardé en mémoire le premier exercice. Alors, on retourne le puzzle de façon à mettre à droite la moitié du ballon et des fleurs qui étaient à gauche. Le patient ne met que quatre minutes à résoudre le puzzle qu'il prétend ne jamais avoir vu. S'il ne l'avait jamais vu, il aurait dû mettre vingt minutes. Ce petit test prouve que le patient a perçu des formes et des agencements de couleurs dans son espace gauche sans en prendre conscience[1].

1. Botez F., Botez-Marquard T. (dir.), *Neuropsychologie clinique et neurologie du comportement*, Presses universitaires de Montréal, 1987, p. 142, 143, 150.

Épidémies et nuages de croyances

Est-ce ainsi que l'on pourrait expliquer les nuages de croyances qui se répandent dans les familles, les villages et les régions comme des foyers de virus[1] ? Comme pour toutes les épidémies, certains membres du groupe échappent aux circuits de la contagion et ne partagent pas ces croyances. Dans l'ensemble, la brume se répand comme une communication cognitive parce que la proximité spatiale et affective facilite la contagion des idées entre personnes vivant dans un milieu où la proximité des gestes, des mimiques et des rationalisations structure la transmission des émotions[2].

Quand une tragédie nous accable, on ne peut pas s'empêcher de trouver une explication qui nous fait croire qu'on peut la contrôler. Depuis le néolithique (– 12 000 ans), nous construisons des étables où nous enfermons les animaux dociles pour les manger ou les faire travailler. Nous nous sédentarisons et nous accumulons des réserves d'aliments qui constituent un pays de cocagne pour les rats, leurs puces et leurs poux qui véhiculent des bacilles. C'est ainsi que se sont répandues les pestes justinienne, athénienne, bubonique et noire,

1. Depuis la pandémie de 2020-2021, on parle plutôt de « clusters » de virus.
2. Delage M., *La Vie des émotions et de l'attachement dans la famille*, Paris, Odile Jacob, 2013.

documentées par les archivistes, les peintres, les philosophes, les médecins et les prêtres. À chaque épidémie, une explication fut puisée dans le contexte social des connaissances. On voyait bien que les gens mouraient en souffrant de bubons ganglionnaires rouges et douloureux, d'infections pulmonaires et de diarrhées mortelles, mais les causes opposaient ceux qui croyaient au ciel et ceux qui croyaient à la terre. Les astronomes fournissaient une part importante des récits culturels. Une tapisserie de Bayeux (XIIe siècle) illustre comment l'apparition inattendue d'une comète avait annoncé l'épidémie de peste noire de 1348 qui, en deux ou trois ans, a tué un Européen sur deux. En 1350, la faculté de médecine avait découvert que « la cause éloignée et première de cette peste a été et est encore quelque constellation céleste[1] ». Jean de Venette, carme de l'ordre mendiant, témoigne que « l'on vit au-dessus de Paris [...] une étoile très grosse et très brillante [...], un astre formé d'exhalaisons et évanoui ensuite en vapeurs [...][2] ». Boccace, dans le *Décaméron* (1370), fournit de précieuses informations quand il raconte que la peste fut envoyée aux hommes par « la juste colère de Dieu en punition de leurs fautes ». La réaction habituelle consiste à punir le coupable, ce qu'il fait lui-même avec talent. Les flagellants, torse nu, déambulaient dans les rues en

1. Lannoy F. de, *Pestes et épidémies au Moyen Âge (VIe-XVe siècle)*, Éditions Ouest-France, 2018, p. 13.
2. *Ibid.*, p. 13-14.

se fouettant le dos avec des lanières à clous pour expier le crime de ne pas avoir assez cru en Dieu. Certains ordres religieux préféraient le cilice, étoffe rugueuse et piquante, dont ils se revêtaient pour se mortifier et se sentir soulagés après avoir expié leur faute imaginaire. Lors des guerres de cette époque, les soldats entraient dans les fermes pour piller, se nourrir et violer quand l'occasion se présentait. Leurs saccages ne cessaient que lorsque l'épidémie avait tué un grand nombre de soldats. Dans cette ambiance de destruction du monde, les millénaristes ne manquaient pas d'arguments pour annoncer la fin de toute existence.

Ceux qui croyaient à l'origine terrestre de l'épidémie soutenaient qu'on avait vu un Juif verser de la poudre dans un puits, juste avant le signalement des premiers morts. À Toulouse, dès 1348, on dressa d'immenses bûchers dans lesquels on jetait les Juifs percés d'un coup d'épée ou encore vivants devant « les bourgeois et le corps de ville[1] ». Malgré ce traitement, l'épidémie se répandait et, en 1349, à Ulm en Allemagne, on alluma des bûchers sans plus de résultats. Grâce à la pratique de la banque, les Juifs géraient l'argent des nobles et du clergé. Le pape Clément VI vola à leur secours sans pouvoir les aider car le peuple les haïssait. Quand il fut difficile de trouver des Juifs à brûler, on inculpa quelques femmes accusées

1. *Ibid.*, p. 76.

de sorcellerie. Le clergé, décimé par la peste, ne parvenait pas à empêcher cette épidémie de croyances mortifères, légitimées par l'habituel phénomène du bouc émissaire.

Pendant ce temps, les jeunes faisaient la fête au milieu des charniers. Ils se nourrissaient de viandes délicates dérobées au seigneur, vidaient sa cave, couraient d'une taverne à l'autre pour écouter de la musique, se réjouir, chanter, rire et se moquer[1]. Quelques médecins avaient compris que la contagion se faisait par « la parole » ou par le partage d'un repas avec les pestiférés. Ils ne furent pas écoutés parce qu'il est plus facile et plus grandiose de croire que la tragédie est due à l'apparition d'un astre, à une punition divine ou à un complot juif. La pensée paresseuse remporte les suffrages.

Se laisser entraîner dans un crime de masse

Quand un enfant commence son aventure humaine, la banalité n'existe pas. Le jeu de « coucou » est un événement extraordinaire. Papa cache son visage derrière une serviette et soudain réapparaît en criant « coucou ». C'est un miracle : il est là, il n'est plus là,

1. *Ibid.*, p. 73-74, 76-78.

il est à nouveau là. Aucune raison ne pourra expliquer un tel prodige, une austère explication pourrait même tuer la merveille. Rien de plus beau qu'une bulle de savon, comme un petit arc-en-ciel, rien de plus esthétique qu'une ficelle dorée autour d'un papier rouge. Quand l'enfant arrive à l'âge des récits, vers 6-8 ans, le monde est une évidence pour lui. Il voit la lutte des méchants contre les gentils, il distingue les grands et les petits, les êtres humains et les animaux, les garçons et les filles, les mamans et les papas. Une vision claire est nécessaire pour comprendre son monde et y agir, mais elle est abusive parce qu'elle est binaire, sans nuance et sans évolutivité. L'enfant ne sait pas qu'il y a d'autres manières de voir le monde. Lorsqu'il évoluera au gré de ses rencontres et de ses blessures, il changera d'avis.

Quand certains développements empêchent d'évoluer, l'enfant s'engage dans une voie extrême ou plutôt il y est engagé, complice involontaire de sa vision stéréotypée. Quand il grandit dans un milieu engourdissant ou dans un contexte en guerre, le choix est imposé. Quand la mer est plate, on espère le vent, et quand la tempête nous secoue, on aspire au calme. C'est ainsi que l'on voit des enfants bien élevés, sécurisés jusqu'à l'engourdissement dans des familles dévouées, s'engager dans un parti extrême où ils aimeront voler au secours de peuples opprimés. La sensation extrême prend pour eux une fonction d'éveil, la proximité du danger leur donne le sentiment d'exister. Il est facile, pour un régime totalitaire, d'exploiter ce besoin de vie intense justifié par un noble projet : « Vous êtes les chevaliers de la plus belle cause et de la plus belle croisade », leur disait Jean Ybarnégaray, ministre de la Jeunesse sous le régime de Pétain[1]. Ce sympathique champion de pelote basque avait accepté ce poste dans le gouvernement de Vichy parce qu'il était anticommuniste et antiallemand. Mais, quand il a découvert les horreurs de la collaboration, il s'est engagé dans la Résistance et a été déporté à Dachau. Ce qui stimulait cet homme, c'était la pelote basque, l'anticommunisme et la Résistance. Là, il se sentait vivant.

Pour fabriquer un défenseur d'idéologie totalitaire, il faut s'en occuper dès la petite enfance, lui répéter la seule vérité dès ses premiers pas, dans sa famille, à l'école et à l'atelier. Ne concevant rien d'autre, ne découvrant aucun autre monde, l'enfant sera heureux de défendre ceux qu'il aime et qui lui enseignent la belle croyance. Dans un milieu sans pression affective ni narrative, l'enfant erre sans but, flotte dans tous les sens, emporté par le vent de ceux qui parlent autour de lui. Quand il n'y a pas de structure interne, la parole des autres est toute-puissante. Un adolescent

1. Giolitto P., *Histoire de la jeunesse sous Vichy*, Paris, Librairie académique Perrin, 1991, p. 438.

indéterminé ne sait pas où il va, il change de direction selon ses rencontres, il n'a aucune liberté intérieure puisqu'il attend qu'on s'empare de son âme. Dans les bataillons extrémistes, on trouve côte à côte des fanatiques surdiplômés et des âmes creuses étayées par des récits acceptés sans jugement.

Quand un groupe hétérogène est ainsi constitué, il faut, pour le solidariser, désigner un ennemi. Tout devient clair quand on sait d'où vient le mal. C'est peut-être ce jouisseur qui vit dans l'instant et ne peut devenir un « chevalier de la plus belle cause et de la plus belle croisade ». C'est peut-être ce zazou qui ne vit que de musique, s'habille de vestes longues, laisse pousser ses cheveux et danse sur des rythmes triviaux. Rien à voir avec Wagner, les oriflammes, les roulements de tambour, les discours du chef qui vous enflamment et désignent l'ennemi : les communistes, les Juifs, les francs-maçons, les sociétés secrètes, les Tsiganes nomades, les malades mentaux, les homosexuels, les Slaves, les Espagnols, les Maghrébins et autres Africains[1]. Quel bonheur d'avoir tant d'ennemis ! Ceux qui se disent persécutés sont contraints à la solidarité. Lorsque nous prenons les armes, lorsque nos arguments sont extrêmes, nous sommes en légitime défense. L'extermination des opposants, des différents, donne

1. Rudefoucauld A. J., *Les Portes de l'enfer. La répression légale des minorités sous Vichy*, Bordeaux, L'Esprit du temps, 2021.

le plaisir d'une victoire morale. La délation devier acte de purification. « L'épreuve est bienfaisante, elle trempe les âmes et les corps, et prépare les lendemains réparateurs », disait Pétain dans son message à la jeunesse[1]. « On ne fait pas de grande race sans avoir des muscles », ne cesse de répéter Jean Borotra, le champion de tennis. « Soyez des mâles », l'ordre viril de l'honneur s'oppose à l'ordre féminin[2]. Les communistes sont des ennemis visibles contre lesquels il faut s'unir, mais l'ennemi idéal c'est le Juif invisible qui, avec son intellectualisme incessant, empêche l'union des âmes et des forces viriles. Une affiche sur les murs s'adresse à la jeunesse : « Jeune Français... Tu paies aujourd'hui des fautes qui ne sont pas les tiennes... Tu veux une France libérée de la dictature de l'argent, des trusts et des spéculateurs... Tu prendras rang parmi les chefs si tu sais t'en rendre digne... Combats avec nous pour la Révolution nationale[3]. » Ce besoin d'être soutenu et de donner sens à ses efforts devient une arme totalitaire quand une seule organisation de jeunesse dispose de tous les pouvoirs. En 1920, l'Allemagne ruinée par sa défaite et les dommages de guerre ne peut plus s'occuper de ses enfants. Sans école et sans projets, vivant dans des familles pauvres et humiliées, les enfants

1. Pétain P., « Message à la jeunesse de France », 29 décembre 1940 (allocution radiophonique).
2. Giolitto P., *Histoire de la jeunesse sous Vichy*, *op. cit.*, p. 442.
3. *Ibid.*, p. 459.

divaguaient. Quand Baldur von Schirach a fondé les Jeunesses hitlériennes, en 1922, l'amélioration de la condition des jeunes fut instantanée. Ils portaient des vêtements convenus, chemise blanche et foulard noir, pour exprimer leur fierté d'appartenir à un groupe solidaire, fort, férocement joyeux, orienté vers l'idéal d'une société nouvelle. On chantait à la veillée, on lisait les textes recommandés afin de les commenter en groupe. Lors des camps d'été, on randonnait sac au dos, on construisait des cabanes, on faisait des feux de camp et les meilleurs d'entre ces jeunes étaient invités au congrès du parti à Nuremberg. Les garçons subissaient avec orgueil la violence de l'entraînement militaire, et les filles étaient complimentées pour leur beauté, leur grâce, les soins de leur corps, la simplicité de leur esprit et leur préparation au mariage au sein duquel elles mettraient au monde de jolis enfants blonds dont elles feraient des héros. Avec un tel programme, comment voulez-vous être malheureux ?

J'ai connu ce bonheur dans les années 1950. Les hommes de ma famille qui s'étaient engagés dans le Régiment de marche des volontaires étrangers ont presque tous été tués. Les jeunes sont entrés dans la Résistance et le reste de ma famille était déjà à Auschwitz dès les premières rafles. Quand mon oncle Jacques, le Résistant, m'a inscrit à l'UJRF, association qui préparait aux Jeunesses communistes, il m'a engagé dans un milieu qui m'a rendu ma dignité.

Il n'y avait pas d'uniforme mais on parlait librement de la société que nous allions inventer. On lisait beaucoup de livres et de journaux qui nous fournissaient les thèmes à débattre comme l'exploitation de l'homme par l'homme et le marxisme dialectique. Le dimanche, on escaladait les rochers à Fontainebleau, on campait, on chantait à la veillée, on allait au TNP voir Gérard Philipe, on tissait des liens amicaux, on nous disait qu'on serait les acteurs d'une future société où il n'y aurait que du bonheur et de la justice. Je revenais à la vie que j'avais perdue depuis le début de la guerre. Comment voulez-vous que je ne me laisse pas enthousiasmer par ce beau programme ? Pour nous galvaniser, on désignait les ennemis, les petits-bourgeois et les capitalistes qui fumaient de gros cigares, assis sur des sacs de dollars. En Allemagne, dans les années 1930, les Jeunesses hitlériennes apportaient du bonheur aux blonds enfants, en désignant pour ennemis ceux qui polluaient la société en n'ayant pas les mêmes croyances, la même couleur de peau et les mêmes récitations. Aujourd'hui, je comprends que ces deux systèmes étaient éducatifs. Les jeunes, hitlériens et communistes, se socialisaient en échappant à la protection des parents qui à l'adolescence devient étouffante. Il faut rencontrer d'autres jeunes, il faut lire, chanter et faire du sport. Les efforts prennent sens et valent la peine quand les petits blonds sont fiers d'éliminer les pollueurs sociaux. Les jeunes communistes sont heureux de lutter contre les bourgeois et les capitalistes. Les besoins fondamentaux sont satisfaits. Après avoir été fortifiés par l'affection de leurs parents, ils poursuivent leur développement en se socialisant dans des structures intermédiaires entre la famille et la société. La question qui se pose consiste à se demander quel thème, quel projet, quel sens les dirigeants vont insuffler dans ces structures intermédiaires. Certains proposent l'égalité, la protection des faibles, le progrès et la lutte contre les exploiteurs du peuple. Les jeunes seront heureux de s'orienter vers un tel éthos. D'autres vont mettre en lumière l'épuration de la société, la valeur du racisme qui élimine ceux dont la simple existence est une pollution, les Juifs, les Nègres, les malades mentaux, les homosexuels et tous ceux empêchant la pureté sociale. Les jeunes seront heureux de s'orienter vers un tel éthos. Au cours d'un développement normal, il est sain de profiter de l'emprise maternelle pour acquérir l'estime de soi et le plaisir d'explorer le monde. Au cours de cette période sensible on peut facilement canaliser un jeune en le faisant passer de l'influence maternelle à la mainmise d'un éducateur. C'est tellement bénéfique, tellement euphorisant que le jeune peut facilement renoncer à l'autonomie. Penser par soi-même nécessite une force mentale qui aide à rester seul en échappant à l'influence de ceux qu'on aime. Peut-on perdre l'affection pour défendre une idée ? C'est ce qui arrive dans un groupe soudé par une religion sacrée ou laïque, quand la moindre idée personnelle désolidarise et place le penseur en position de créateur, de marginal ou de traître. Quand certains parents allemands ont pensé que leur enfant se laissait trop entraîner dans une récitation totalitaire, ils ont tenté de prévenir le petit qui, indigné, s'est rendu au commissariat pour dénoncer la trahison de ses parents. Quand le délice totalitaire s'empare d'une âme, on découvre le plaisir de haïr. L'indignation vertueuse déclenche le passage à l'acte. Lors des épidémies qui tuent des milliers d'innocents, la découverte d'un complot donne cohérence au malheur insensé : « On a vu un Juif jeter de la poudre dans un puits et quelques jours après il y a eu des morts dans le village. » La corrélation va de soi, on a trouvé la cause ! L'indignation pousse à l'acte, le bûcher devient une conduite à tenir que l'on peut admettre, n'est-ce pas ? « Les armées du capitalisme juif anglo-américain déferlent sur l'Europe. Dans des circonstances aussi dramatiques, la jeunesse doit assurer le salut de la patrie [...]. Nous exigeons que le commandement révolutionnaire de la jeunesse la fasse participer à la défense de la patrie[1]. » Il est bon de haïr, ça donne du courage et ça augmente la possibilité de victoire. La colère et la haine, qui ne sont pas de même nature, doivent être associées. La colère est souvent provoquée par une réaction de

1. *Ibid.*, p. 469.

défense qui donne aux craintifs la force d'agresser, alors que la haine est un sentiment provoqué par une représentation qui n'est pas forcément associée au réel. On peut haïr pour l'idée qu'on se fait d'un autre ou pour un récit dans lequel on a foi : « On me dit que les Nègres veulent violer nos femmes. Je ne peux pas me désolidariser de mes amis ni du chef que j'admire. J'ai intérêt à me laisser embarquer dans cette juste indignation, c'est tout de même inadmissible que les Nègres veuillent violer nos femmes. J'éprouve un étonnant plaisir à côtoyer ceux qui ressentent la même haine que moi. Ensemble, côte à côte, en légitime défense, nous protégeons nos femmes en agressant les agresseurs. » « Chapeau, messieurs du KKK ! Quel sentiment de force vous ressentez quand vous terrorisez les Nègres ! Quelle beauté, quand vous défilez vêtus de robes blanches et de cagoules pointues[1]. » Le plaisir de haïr est une passion triste[2], la joie est carnassière parce que la simple intention de terroriser donne au haineux un plaisir physique[3].

À l'origine de ce curieux plaisir, on note souvent une humiliation qui légitime le plaisir d'humilier, comme une revanche : « On a donné le droit de vote aux Noirs uniquement pour humilier et déshonorer

1. Randel W. P., *Le Ku Klux Klan*, Paris, Albin Michel, 1966, p. 160-161.
2. Lenoir F., *Le Miracle Spinoza. Une philosophie pour éclairer notre vie*, Paris, Fayard, 2017.
3. Saltel P., *Une odieuse passion. Analyse philosophique de la haine*, Paris, L'Harmattan, 2007, p. 183.

les Blancs du Sud[1]. » Nous sommes humiliés quand les Noirs obtiennent le droit de vote ! Aujourd'hui, certains Anglais se sentent rabaissés par la réussite des Pakistanais qui font de bonnes études, de bons films et sont élus maire de Londres. Certains Français sont irrités parce que les Maghrébins s'intègrent mal, mais ils sont mortifiés quand ils s'intègrent bien, comme certains hommes sont humiliés par la réussite des femmes. En fait, tous ces gens se sentent écrasés quand ils ne peuvent plus dominer. Alors peut émerger le plaisir de tuer quand le contexte culturel le permet : « Dès 1941 [...], haine et jouissance se sont mêlées dans les dires et gestes de l'Osteinsatz[2]. » Des pères de famille assistent en rigolant à l'abattage de Juifs devant la fosse commune remplie de chaux où ils vont chuter quand un soldat hilare leur aura tiré une balle dans la nuque. Ce genre d'assassinat a été légitimé par la réussite sociale et intellectuelle des Juifs. Je me souviens de groupes de jeunes miliciens, marchant au pas dans les rues de Bordeaux et chantant : « Modelons une jeunesse ardente, et nos morts seront contents de nous[3]. » J'éprouvais une sensation de danger implacable et je m'étonnais du plaisir que ces jeunes désiraient donner à leurs morts en terrorisant

1. Randel W. P., *Le Ku Klux Klan*, *op. cit.*, p. 159.
2. Ingrao C., *Croire et détruire*, Paris, Fayard, 2010, p. 485.
3. Terrisse R., *La Milice à Bordeaux. La collaboration en uniforme*, Bordeaux, Aubéron, 1999, p. 30.

la population. La délectation d'effrayer au nom d'une défense imaginaire est illustrée par Jean Genet. Fasciné par la fange, il érotise le mal, celui qu'on donne autant que celui qu'on reçoit. Il est attiré par tous les persécutés de la terre, à condition qu'ils soient beaux et dangereux, comme les Algériens du FLN, les Black Panthers américains, la bande à Baader en Allemagne, les sectes japonaises et les Palestiniens. Quand il a vu défiler les miliciens nazis, il a eu envie de s'engager près d'eux parce qu'ils terrorisaient la population[1]. Quand il a côtoyé les Palestiniens qui avaient pu échapper au massacre de l'armée jordanienne en 1970, il a été attiré par leurs jeunes corps, par les armes qu'ils portaient et par l'odeur de la mort qu'ils promettaient en se réfugiant dans les camps des pays arabes. Il ne s'intéressait pas aux théories nazies ou communistes ; ce qui le troublait sexuellement, c'était l'image d'un beau garçon persécuté qui prenait les armes pour terroriser son dominateur : « [...] son apparente malédiction va lui permettre toutes les audaces[2] ». Se faire persécuter pour légitimer son plaisir de haïr est une stratégie fréquente quand on veut donner une apparence morale à son désir de faire du mal.

Cette démarche psychologique est millénaire. « Dans la Rome antique, on ne disait pas "*cancel*

---

1. White E., *Jean Genet*, Paris, Gallimard, 1993, p. 253.
2. Genet J., *Le Funambule*, *in Œuvres complètes*, Paris, Gallimard, 1993, tome V, p. 253.

culture" mais "*damnatio memoriae*[1]" », damnation de la mémoire qui consiste à effacer de tout récit le personnage ou l'événement dont on ne veut plus entendre parler. La Révolution française a cassé les statues de rois et de prêtres, la colonisation a détruit toute trace de civilisation des colonisés, les chrétiens iconoclastes du Moyen Âge, dans une logique spirituelle, détruisaient les images pour élever la pensée vers une représentation divine impossible à percevoir et même interdite[2]. Et les talibans, en 2001, ont fait exploser d'immenses statues de Bouddha pour éliminer toute représentation non islamique de Dieu, révélant ainsi leur intention totalitaire. Cette culture de l'annulation permet de composer un seul récit comme une hypercensure : « Vous n'avez pas le droit de parler, vous n'avez pas le droit d'avoir existé. Puisque vous êtes esclavagiste, il faut vous bâillonner, vous faire disparaître de toute mémoire. » Les nazis inventaient une mémoire qui légitimait leur incroyable violence dépourvue de tout sentiment de violence. Ils disaient : « Les Juifs complotent pour s'emparer du monde, les Tziganes parasitent la société avec leurs vols incessants, les malades mentaux coûtent beaucoup d'argent pour maintenir l'existence de vies sans valeur, il est logique et sain de les éliminer. Où voyez-vous un crime ? Cette philosophie du bien

1. Morlighem A., « Effacer l'historique : une tentation millénaire », *Décisions durables*, septembre-octobre 2021, 48, p. 29-34.
2. Besançon A., *L'Image interdite*, Paris, Gallimard, « Folio », 2000.

et du sain légitime leur disparition. Il ne s'agit pas de chercher une autre solution, vous devez simplement dire ce qu'on vous dit de dire si vous ne voulez pas vous retrouver en position d'ennemis. »

À tous ces « cancelleurs » qui veulent effacer la mémoire s'opposent ceux qui pétrifient le passé. La mémoire saine est évolutive, elle a toujours une intention quand elle va chercher dans le passé les faits vrais qu'elle agence pour en faire un récit. Quand la Shoah fait de la mémoire un devoir, elle la transforme en récitation désaffectée, comme si l'on demandait aux visiteurs d'Auschwitz de passer un questionnaire à choix multiples : combien de morts à Auschwitz ? Cochez la case correspondante. Un jeune sur quatre n'a jamais entendu parler des camps d'extermination et ne s'en trouve pas plus mal. Un jeune sur quatre en sort bouleversé. Et les autres regardent avec détachement les horreurs qu'on leur a demandé de voir, les corps empilés, les cadavres ambulants, les enfants décharnés, les dents, les cheveux, les lunettes entassées pour les revendre. Ils expliquent tranquillement que ces atrocités évoquent les animaux qu'on mène à l'abattoir, les tremblements de terre ou les accidents de voiture.

Publier ce qu'on désire croire

Il est impossible de ne pas parler de la Shoah. Se taire, c'est se faire complice, mais, quand on en parle sans cesse, on simplifie le récit, on en fait un schéma, un stéréotype qui n'évoque plus rien, quelques mots qu'on récite en pensant à autre chose. Pour éveiller la conscience, il faut faire un problème, poser une question étrange qui surprend et désorganise la narration. La pensée paresseuse articule quelques mots, un énoncé trop clair qui arrête la réflexion : les Allemands étaient des barbares, des méchants, voilà pourquoi ils ont tué des Juifs. C'est clair, c'est vrai, rien à ajouter.

Pendant la guerre, je devais me taire pour ne pas mourir. Il n'était pas question de Shoah, ni de camps de la mort, on voulait me tuer, c'est tout. Je contrôlais la situation en me taisant à la perfection. Parfois, je découvrais un indice qui me faisait comprendre que d'autres enfants savaient que j'étais un fugitif de la parole, que je devais éviter certains mots et ne pas dire mon nom pour avoir le droit de vivre. Quand j'étais caché chez les Monzie près de Bordeaux, leur fils qui avait mon âge n'a pas dit un seul mot. Quand il allait à l'école, ses camarades de classe lui demandaient pourquoi on voyait parfois les rideaux bouger chez lui, alors il affirmait qu'il n'y avait personne. Tous ces enfants savaient, aucun n'a dénoncé. J'ai appris récemment qu'un Juste qui me protégeait en me cachant à Castillon avait reçu une convocation de la préfecture, lui enjoignant de m'accompagner au commissariat afin que je rejoigne ma mère. La lettre ne mentionnait pas qu'elle était à Auschwitz.

Après la guerre, la joie populaire a mis en lumière le courage des résistants qui redonnaient leur dignité aux Français humiliés par la défaite de 1940 et honteux de la collaboration avec le nazisme. Les bavardages qui m'entouraient ne parlaient que de tickets de rationnement pour manger un peu, du retour du beurre, preuve d'abondance et du plaisir de vivre. Les communistes triomphants demandaient aux ouvriers de faire des heures supplémentaires et de travailler gratuitement le dimanche. Ils reconstruisaient la France, ce qui donnait à leur travail un sens glorieux. Tout n'était que gaieté et générosité malgré l'extrême pauvreté de la France ruinée. Dans un tel contexte, mon témoignage faisait pitié. J'avais honte de ne pas avoir de parents comme les autres enfants, je me sentais moins qu'eux. Je n'aurais jamais pu avouer qu'on avait voulu me tuer. Un jour, ça m'a échappé, un peu, juste une parole : « J'ai été emprisonné mais je me suis évadé » : les adultes ont éclaté de rire !

Dans les années 1980, la culture française a enfin osé s'intéresser à la collaboration du gouvernement de Vichy avec le nazisme. Michel Slitinsky, professeur d'histoire, raconta dans la revue *Historia* l'histoire de mon père, « le courageux soldat Cyrulnik avait été blessé à Soissons[1] » dans la Légion étrangère. Il a été arrêté à l'hôpital de Bordeaux par la police du pays pour lequel il avait combattu. Une infirmière du centre médico-social où je travaillais, Mme Richard, avait lu l'article et m'a questionné. Dès ce jour, il ne m'a plus été possible de ne pas parler de ma curieuse enfance. La culture venait de changer. Le film *Shoah* de Claude Lanzmann et surtout le procès contre Maurice Papon mettaient en place publique ce qui avait été caché. Le déni de la culture française de l'après-guerre devenait centre d'intérêt et parfois même de gourmandise obscène : « Un enfant seul… tu as souvent été violé ? »

La mémoire est intentionnelle, chacun va chercher dans le passé les faits réels qui confirment sa manière de voir le monde. Certains racontent comment, pendant l'occupation allemande, ils étaient persécutés parce qu'ils étaient zazous. Leurs cheveux longs, leurs vestes trop grandes, leurs chaussures bicolores et leur amour du jazz les menaient en prison où ils étaient malmenés par des questions méprisantes et parfois des coups. Une note de la Gestapo (5 juin 1942) s'inquiète de manifestations de sympathie pour les Juifs : « […] les milieux gaullistes et communistes font une propagande massive pour provoquer des troubles […] tous les Juifs, pourvus

1. Slitinsky M., *L'Affaire Papon*, Paris, Alain Moreau, 1983.

de l'étoile juive, devront être salués […] à la place de l'inscription "Juif", il faudra mettre le nom d'une province française. » Un tel crime, selon la Gestapo, mérite répression : « […] il faut réprimer sans égards […] arrêter tous les porteurs de fausses étoiles juives et les punir suivant leur délit[1]. » Les faits prennent sens selon leur contexte. Quand, pendant la guerre, un non-Juif cousait sur sa poitrine une étoile jaune avec l'inscription « Auvergnat » à la place de « Juif », il signifiait qu'il prenait la défense des Juifs et s'opposait à la Gestapo. Il était battu, emprisonné et parfois déporté. Aujourd'hui, quand un manifestant coud une étoile de David en écrivant dessus « Antipass », il signifie que, pour lui, le gouvernement est un équivalent de Gestapo et que lui, le manifestant, est aussi cruellement puni qu'un Juif en 1942. Indécente démesure.

Quand on parle de cette époque, on évoque le fanatisme nazi, les rafles de foules non armées faisant la queue pour entrer dans les wagons, l'empilement de cadavres décharnés. L'horreur est devenue une représentation stéréotypée. À la même époque, il y avait pourtant une belle Allemagne composée de philosophes, de scientifiques, d'écrivains et de musiciens amoureux du classicisme autant que du jazz. Le Juif Benny Goodman, le Nègre Lionel Hampton, le Gitan Django Reinhardt, l'émigré Aimé Barelli étaient adorés.

1. Rajsfus M., *Opération Étoile jaune*, Paris, Le Cherche Midi, 2012, p. 78.

Quand les Allemands félicitaient Jesse Owens pour ses quatre médailles aux jeux Olympiques de Berlin en 1936, ils étaient moins racistes que les Américains qui avaient envoyé cet athlète noir aux Jeux pour les représenter.

Dans une même population, dans une même culture, au même moment un courant extatique emporte les fanatiques, tandis que d'autres, discrets et libres, ne se laissent pas embarquer. À quoi tient cet aiguillage ? Comment expliquer ces orientations différentes ? Les uns sont heureux de se soumettre à une idée qu'ils ne maîtrisent pas mais qui les revalorise, et les autres préfèrent prendre un peu de distance afin de juger l'événement et de préserver leur liberté intérieure. Les jeunes partent à la guerre sous la contrainte, par vocation ou par escroquerie culturelle. Les adolescents sont à un âge où l'on s'enflamme facilement. Quand le désir sexuel apparaît, une force intérieure les pousse à quitter leur famille. Ils ont honte de rester auprès de maman avec qui ils se sentent encore petits, et aspirent à éprouver une estime de soi qui les invite à partir. Alors, ils cherchent autour d'eux l'institution qui pourrait les aider à quitter l'emprise familiale afin de poursuivre leur développement. Quand le pays est en paix, l'université, l'usine, le groupe de copains ou la meilleure amie offrent une étape intermédiaire vers l'autonomie psychique et l'indépendance sociale. Mais, quand le pays est en guerre ou en désorganisation sociale, l'armée, l'engagement dans un groupe extrême ou le trafic illégal offrent un leurre de libération. « À l'insu de ma mère, je suis parti comme volontaire (j'avais 14 ans, avec mon meilleur copain d'école). Nous sommes arrivés à l'arrière du front où l'on ne voulait pas nous garder, vu notre âge [...] le capitaine nous a envoyés aux cuisines pour la corvée de peluches [*sic*][1]. » La maturation prend des chemins différents. Quand un jeune tombe sur un capitaine non fanatique, il se retrouve à la corvée de pluches mais, au cours de sa fugue, il peut rencontrer un adulte sans scrupules qui lui met une ceinture d'explosifs autour de la taille afin de faire triompher une théorie qu'il ignore. La plupart des enfants exploités à mort viennent de quartiers pauvres dépourvus d'institutions intermédiaires. Il y a moins de départs extrêmes dans les beaux quartiers, où le jeune s'engage généreusement dans une ONG ou dans un club sportif ou artistique.

En période de guerre, la contrainte vient de ceux qui commandent : « En août 1944, le chef de la Jeunesse hitlérienne, Artur Axmann, avait lancé un appel aux garçons nés en 1928 pour qu'ils s'engagent dans la Wehrmacht... En six mois 70 % de cette classe d'âge avaient signé volontairement[2]. » Avaient-ils vraiment signé volontairement ? Ou s'étaient-ils laissé entraîner

1. Pignot M. (dir.), *L'Enfant soldat. XIXᵉ-XXIᵉ siècle*, Paris, Armand Colin, 2012, p. 74-75.
2. *Ibid.*, p. 92.

dans un phénomène de masse où il est difficile de ne pas suivre ceux auxquels on est attaché ? Plus tard, on trouvera des mots pour donner une apparence rationnelle à un sentiment qui vient d'on ne sait où et que pourtant on ressent comme une évidence. Le 9 mai 1945, jour de la « capitulation », a été le jour le plus sombre de l'histoire allemande. Quelques jeunes ont pensé : « La guerre est finie, la paix va revenir. » Très peu ont dit : « Nous avons provoqué la Seconde Guerre mondiale, il est juste que la culture nazie soit détruite. » Wilhelm au sortir de son école secondaire de Bremerhaven écrit : « [...] nous sommes contraints de rendre les armes après presque six années d'encerclement[1] ». Se dire persécuté et assiégé légitime la violence et empêche la culpabilité. Les parents de Liselotte étaient plutôt antinazis. Quand ils ont découvert le génocide juif, ils ont voulu l'expliquer à leur fille, qui n'a pas supporté ce témoignage. Elle était tellement exaltée par la défense de l'Allemagne nazie que lorsque son jeune frère a été envoyé à la guerre contre les Russes elle a dit : « Je suis prête à le sacrifier[2]. » Le culte du don de soi était merveilleux, pourquoi voulez-vous ouvrir les yeux ?

C'est très avantageux de refuser de voir et d'accepter sans réfléchir ce qu'on vous demande de croire. La servitude volontaire mène à la certitude volontaire.

1. *Ibid.*, p. 93.
2. *Ibid.*, p. 103.

Pour aboutir à ce confort il suffit de côtoyer des gens qui articulent les mêmes mots que vous. Quand j'étais adolescent, je ne fréquentais que des camarades qui lisaient les mêmes journaux que moi. Nous débattions des mêmes problèmes, la guerre du Viêt-Nam, l'indépendance de l'Algérie, la culture de gauche, Bertolt Brecht, le cuirassé Potemkine, les livres d'Aragon et d'André Stil, les tableaux de Fernand Léger suffisaient à remplir nos sorties et nos rencontres amicales. Nous parlions la même langue, nous partagions les mêmes représentations, nous tissions des liens amicaux. C'est ainsi que, le plus sincèrement du monde, nous avons socialisé nos âmes. En restant entre nous et en affûtant nos arguments, nous avions des idées de plus en plus claires. Aujourd'hui, je pense que ces idées claires nous empêchaient de voir en mettant à l'ombre toute autre pensée. La tendance au grégarisme intellectuel nous donnait un sentiment de force. Nous étions indignés qu'on puisse voir le monde autrement. En commentant sans cesse le merveilleux Aragon, le soporifique André Stil, nous ignorions tout de l'arrogant Charles Maurras. La socialisation de nos âmes, en créant des isolats intellectuels, nous intégrait dans des groupes amicaux qui méprisaient et haïssaient ceux qui ne lisaient pas nos livres. Nous mettions sur notre corps des signes de reconnaissance, sans même nous en rendre compte : les mêmes vêtements, la même coupe de cheveux, les mêmes routines verbales. Nous organisions ainsi une petite communauté, un réseau social affectif et intellectuel où certains s'orientaient vers une philosophie matérialiste, alors que d'autres se rêvaient scientifiques ou artistes. Aucun ne se voulait commerçant ou « petit-bourgeois ». Ces catégories étaient abusives évidemment, la philosophie peut donner une apparence rationnelle à un désir de croire et la démarche scientifique n'empêche pas l'esprit magique.

Je me souviens de cette excellente neurobiologiste qui avait publié avec Henri Laborit un travail où les auteurs expliquaient comment un criquet isolé devenait bleu et immobile, alors que le même insecte en groupe prenait la couleur rouge, s'activait sans cesse et résistait mieux à l'intoxication par le lindane[1]. Ce travail scientifique simple et rigoureux démontrait, il y a quarante ans, comment le métabolisme intime de la dopamine qui provoquait la couleur et le mouvement changeait quand changeait le milieu. La même grande scientifique soutenait que notre devenir psychologique et notre destin social étaient gouvernés par les astres[2]. Son travail scientifique précurseur est aujourd'hui totalement confirmé par les recherches neurobiologiques qui démontrent comment la structure du milieu (climatique ou populationnel) modifie l'expression des gènes, la sécrétion des neuromédiateurs et les comportements.

1. Fuzeau-Braesch S. (dir.), *Contribution à l'étude neurochimique de la variation d'octopamine chez Locusta migratoria*, thèse université Paris-Sud, 1983.
2. Fuzeau-Braesch S., *Astrologie : la preuve par deux*, Paris, Robert Laffont, 1992.

Mais le déterminisme astral du destin des jumeaux n'a toujours pas été confirmé malgré de nombreuses publications. Chaque auteur publie ce qu'il a envie de croire[1] sans soumettre ses idées au tribunal de la vérification scientifique ou de la validation clinique.

Douter pour évoluer

Il faut douter pour explorer. La certitude arrête la pensée et routinise la récitation. Bien sûr, pour passer à l'acte et entrer en relation, il faut avoir un moment de certitude. Les obsessionnels qui doutent de tout ne peuvent plus agir. Ils passent leur temps à vérifier, à compter leurs pas, à essuyer les poignées de porte. Ils impulsent un geste et l'arrêtent aussitôt puisqu'ils doutent du geste. Pour s'engager dans la vie, il faut avoir quelques certitudes, mais il faut qu'elles soient évolutives, de façon que nous soyons prêts à changer quand change le contexte. Alors, nous éprouvons le plaisir de la découverte et l'étonnement de voir un monde qui n'est plus celui qu'on pensait : « Je vois les choses autrement », disent ceux qui savent évoluer. Le plaisir de douter n'est donc pas un relativisme, un « je-m'en-foutisme ». Tout ne se vaut pas, certaines décisions valent mieux que d'autres, selon

1. Ripoll T., *Pourquoi croit-on ?*, Paris, Éditions Sciences Humaines, 2020, p. 13.

le contexte. Quand la relation évolue, ou quand la structure sociale se modifie, les décisions à prendre ne sont plus les mêmes. Le doute facilite l'innovation, la nuance n'est pas une mollesse intellectuelle, c'est une souplesse d'esprit, une ouverture sur une autre possibilité, l'exploration d'une autre planète mentale.

Parmi les personnages que j'ai décrits au début de ce livre, certains, comme Alfred Adler, Viktor Frankl ou Hannah Arendt, avaient acquis au cours de leur développement une facilité à évoluer. Ils acceptaient l'idée de ne plus voir les choses comme avant. Alors que d'autres, comme Rudolf Höss ou Josef Mengele, ont éprouvé le plaisir des certitudes inébranlables qui ne peuvent que confirmer le postulat de base. Ils ont cherché des maîtres à penser qui leur ont donné la foi, d'emblée, comme une révélation où il n'y a rien à vérifier, rien à confronter au réel. La conviction les a rendus tellement sûrs d'eux-mêmes qu'ils ont facilement grimpé les échelles de leur société, ils ont pris le pouvoir et ont imposé leurs valeurs. Quand la vérité est seule, elle ne se négocie pas.

Louis Darquier, malgré une naissance prématurée à six mois et demi, rattrape son retard et devient excellent élève. On le décrit comme « fier, prétentieux, imbu de lui-même… pour mieux s'opposer à son père radical-socialiste, il tombe dans les excès d'Hitler », à tel point qu'on le surnomme le « perroquet d'Hitler[1] ». Quel plaisir peut-on éprouver en devenant un perroquet intellectuel ? La récitation tous ensemble érotise la certitude alors que la réflexion solitaire érotise le doute. Ce n'est pas la même manière de se socialiser, ce qui explique les guerres de croyances. Ceux qui érotisent la certitude se sentent bien ensemble, sûrs d'eux, renforcés par les slogans scandés comme un seul homme par le chœur des perroquets. Alors que ceux qui érotisent le doute éprouvent le plaisir de l'évolution de la pensée mais, souvent, ils se retrouvent seuls. Le mot « érotisation » est bien celui qui convient quand Freud a désigné la libido comme une énergie sexuelle associée à une activité intellectuelle. On peut aimer la vie dans des activités banales quand on jardine ou quand on cuisine, mais on peut aussi aimer la mort quand la libido, associée à cette représentation, crée un sentiment intense, agréable à ressentir. Si vous ne me croyez pas, regardez comment les jeunes gens sont euphorisés après une prise de risque, comment les anciens combattants sont unis affectueusement par la victoire ou par la défaite, comment les aficionados éprouvent un grand sentiment de beauté quand un homme mince, élégant, vêtu d'or et de soie, plante son épée entre les omoplates d'un animal admiré pour sa fougue, sa

1. Callil C., *Bad Faith : A Story of Family and Fatherland*, Londres, Jonathan Cape, 2006, p. 15 et p. 82.

puissance et ses cornes mortifères. C'est ainsi que la haine associe l'esthétique avec la mort pour réaliser un crime de langage[1]. Charles Maurras est le virtuose des mots qui enchantent la mort, la haine et la beauté. Lui, qui avait pensé qu'Auschwitz était une rumeur de Juifs qui ne cessent de se plaindre, a écrit dans sa prison en 1951 : « Ô Auschwitz ! Ô Dachau ! Ô Buchenwald ! Ô Mauthausen ! Ô Ravensbrück ! Vos crématoires fument encore[2]. » C'est curieux cette manière de fétichiser les mots : l'amulette verbale, adorée comme un objet magique, empêche de voir la réalité. Quand on écrit « Ô Auschwitz », la boursouflure de la locution permet de ne pas désigner le tas de cadavres pourris empilés par terre avant de partir en fumée. Quand on écrit « Ô Femme », l'emphase poétique aide à ne pas évoquer le vagin dans lequel on désire pénétrer. Les mots, sans cesse répétés dans des formulations rythmées, empêchent l'élaboration en automatisant le travail de la pensée[3]. C'est comme ça que la certitude mène à l'emprise.

Pour assurer la paternité, la société exige que la femme soit vierge le jour du mariage. La membrane vaginale devient la preuve biologique que le mari sera bien le père des enfants à venir. Aujourd'hui, c'est l'ADN qui

1. Sanos S., *The Aesthetics of Hate. Far-Right Intellectuals, Antisemitism and Gender in 1930s France*, Stanford, Stanford University Press, 2012.
2. Giocanti S., *Maurras. Le chaos et l'ordre*, Paris, Flammarion, 2008, p. 482.
3. Gutton P., « Transaction fétichique à l'adolescence », *Adolescence*, 1983, 1 (1), p. 107-125.

signe la paternité ou plutôt qui désigne le géniteur. Les quatre mille hommes qui chaque année sont « condamnés à être père » ne seront jamais père. Quand l'ADN reconnaît que l'enfant est issu d'un forfait sexuel, il est juste que l'homme paie, mais il n'éprouvera pas le sentiment de paternité, il ne se sentira pas responsable de l'enfant, il ne s'y attachera jamais.

Mystérieux pouvoir des mots quand une femme dit à son amant : « J'ai un retard de quinze jours et je sens que mes seins gonflent », elle donne une forme verbale aux signaux de son corps qui annoncent la maternité. C'est dans les mots de sa femme qu'un homme apprend qu'il va être père et dans les récits sociaux qu'il découvrira comment il convient d'être père. Selon la culture, il sera chef de famille représentant l'État dans son foyer, il sera soldat qui accepte de mourir pour défendre sa femme et ses enfants, il sera ouvrier qui travaille dix à quinze heures par jour pour gagner le pain à la sueur de son front, il sera tyran domestique car un homme doit affirmer sa virilité, ou il sera jeune papa qui veut bien devenir l'aidant de la mère. Un tel rôle familial, dicté par les récits sociaux, prend une valeur morale intimement éprouvée : je dois être chef de famille, soldat, ouvrier ou papa poule. Tout doute introduirait un malaise, une honte, une dépersonnalisation en invitant l'homme à ne pas être conforme aux prescriptions culturelles. Pour être à l'aise avec soi-même et avec les règles sociales, il est tentant de se soumettre à l'emprise des mots. Pour que tu sois père et fier de l'être, tu dois te sacrifier au champ d'honneur ou à l'usine, il faut que ta femme ait été vierge et consacrée au foyer, ainsi régnera l'ordre.

École et valeurs morales

Mais quand change l'éthos, quand l'épanouissement de la personne devient une valeur morale supérieure à l'ordre social, le constat de la virginité perd son sens et devient une humiliation pour la femme réduite à la fonction de porteuse d'enfants de son mari. Le jeune homme n'est plus fier de travailler quinze heures par jour et de donner tout son salaire à sa femme pour qu'elle aille au marché et fasse la cuisine. Il se sent escroqué, entravé dans son aventure personnelle. Quand change le paradigme (le mot type qui enclenche la chaîne des paroles et des théories), la hiérarchie des valeurs change en même temps. La virginité ne vaut plus grand-chose, la fierté d'être un homme qui souffre au fond de la mine prend désormais la signification d'une torture inutile. C'est pourtant ainsi qu'ont fonctionné la plupart des couples à l'ère industrielle : la femme entravée et l'homme héroïsé, chacun était fier de son rôle social.

L'industrie s'est effondrée, les ouvriers ont disparu, les paysans sont devenus des techniciens solitaires.

On ne fabrique plus du social avec son corps, les femmes avec leur ventre, les hommes avec leurs bras, on prend sa place dans le groupe avec ses diplômes et l'art de la relation. La séparation sexuelle des rôles sociaux n'a plus aucun sens. Dans notre société structurée par l'école et la technologie, les femmes peuvent faire tout ce que font les hommes, largement aussi bien. Mais les hommes ne peuvent pas faire tout ce que font les femmes. Tant qu'on n'aura pas mis au point un utérus artificiel efficace, le corps des femmes sera seul à savoir porter des enfants. Dans ce nouveau contexte, un nouvel éthos donne aux hommes la place d'aidant de la mère. On pourrait aussi interdire aux femmes de faire des enfants, comme cela fut fait en Chine à l'époque de la loi sur l'enfant unique, et comme cela se met en place aujourd'hui avec la dénatalité mondiale quand il devient moral de ne pas mettre au monde des enfants.

Les cultures ne cessent de changer de certitudes, ce n'est plus un bonheur de mettre au monde un garçon de préférence pour faire la guerre ou aller à l'usine. Il devient éthique de « se réaliser » et de participer à l'épanouissement de son conjoint et de ses enfants. À l'époque où l'existence valorisait les qualités guerrières et le triomphe social, ce qui comptait, c'était la victoire, ce n'était pas la vérité. Lors d'une guerre de croyance, nous sommes prêts à mourir pour que notre foi s'impose au mécréant. On ne cherche pas à savoir si notre conviction désigne un segment de réel, ce qui compte c'est la victoire. Quand nous sommes vaincus, nous nous taisons pour ne pas mourir, c'est la paix des marranes que pratiquaient les Juifs espagnols. Convertis de force au christianisme, ils pratiquaient leur religion en secret comme les chrétiens chinois qui, menacés de mort, placent sur un autel familial une statue de Bouddha qu'il suffit de retourner pour voir apparaître un crucifix ou une Vierge à l'Enfant. « Je me tais pour ne pas mourir, mais vous n'aurez pas ma conscience, vous n'avez pas gagné la guerre », pensent en silence les marranes. La certitude mène à la brutalité relationnelle, puisqu'il faut être de mauvaise foi pour ne pas croire ce que je crois, dit le croyant absolu qui ne doute jamais.

À l'opposé, le doute extrême, le doute obsessionnel empêche la fluidité des actes et l'engagement dans la vie quotidienne. Si je fais le mauvais choix, je serai coupable des conséquences malheureuses, alors j'hésite, je piétine et je ne parviens plus à décider. Par bonheur, je suis apaisé quand quelqu'un décide pour moi. Je perds ma liberté intérieure, mais je ne souffre plus d'indécision. C'est ainsi qu'on peut aimer la servitude qui nous libère de l'angoisse du choix. Le danger de la soumission heureuse, de la perte tranquillisante de la liberté, c'est qu'on voit un monde de plus en plus clair, puisqu'on n'a plus à hésiter. « Je sais maintenant où me diriger », dit celui qui était torturé par le doute. Apparaît alors le biais de confirmation[1] : j'argumente de mieux en mieux, pour défendre une vision du monde qui repose sur un postulat qui n'a jamais été démontré. Il n'est pas nécessaire d'être paranoïaque pour penser ainsi. Quand on a été rendu sensible à un problème au cours de son développement, par exemple à la précarité sociale, le stress inscrit dans notre mémoire une sensibilité durable à cette question. Quand on a été abandonné ou violé, on acquiert une aptitude particulière à percevoir les informations sur le viol ou l'abandon. Le monde, de plus en plus clair, est thématisé par les signaux auxquels on a été rendu sensible. Ce qui devient une évidence pour nous ne l'est pas pour ceux qui ont été bien entourés et jamais violés. Nous ne faisons que confirmer ce à quoi nous avons été rendus sensibles. Cette évidence nous sépare de ceux qui, ayant connu un autre développement, perçoivent un autre monde. La certitude et l'abusive clarté empêchent d'évoluer et de découvrir d'autres vérités. Nous ne nous sentons bien qu'auprès de ceux qui voient le même monde que nous. C'est pourquoi nous prenons place dans un réseau social, un groupe uni autour d'un récit qui induit un sentiment de familiarité. En décrivant un monde de même type, nous nous sentons proches, alors qu'un monde différent nous met en alerte. Mais quand l'excès de proximité

1. Bronner G., *La Démocratie des crédules*, Paris, PUF, 2013.

clôture le groupe, la barricade renforce l'amour du Même et la haine de l'Autre. Il devient normal de se méfier, de mépriser ceux qui sont différents, de les agresser et, s'il le faut, de les éliminer.

L'histoire est un produit dangereux puisque nous pouvons tous aller chercher dans notre passé des raisons de faire la guerre. Les Arabes devront se venger des croisés et des colonialistes, les protestants iront tuer les catholiques, les Juifs se révolteront contre les pays d'accueil, les femmes chasseront les hommes de la planète. Alors, la justice triomphera, n'est-ce pas ? Les histoires de famille et les mythes du groupe ont un effet liant qui renforce l'identité des membres de ces collectivités. Mais quand un récit impose sa seule vision du monde, ceux qui l'acceptent comme une croyance religieuse, idéologique ou scientifique accèdent à un monde clair que les mécréants discréditent. Ceux qui ne peuvent pas croire à ces récits devront se taire, s'enfuir ou se « marraniser ». « Certains avaient peur, explique Annette Wieviorka quand elle raconte son séjour dans la Chine de Mao. Ils devaient se rappeler le bonnet d'âne porté pendant les trois premières années de la révolution culturelle… entre 1966 et 1969, ils n'avaient nulle envie […] d'être accusés de goût pervers pour la culture bourgeoise […] alors ils ne manquaient jamais d'introduire en exergue à leur texte un "Vive le président Mao" ou "Vive le

Parti communiste chinois[1]". » Pendant la Seconde Guerre mondiale, en France aussi, il a fallu formuler quelques phrases à la gloire du Maréchal ou envers les fauteurs de guerre. Dans les publications scientifiques, il fallait glisser une référence à l'hygiène raciale pour que l'article soit accepté par le comité de lecture. Ces mots stéréotypés fonctionnaient comme un mot de passe qui permet de poursuivre son chemin. C'est ainsi que l'on pouvait franchir les barrages militaires : quand une sentinelle pointait son arme, il fallait dire « France » ou « Muguet » ou tout mot convenu pour ne pas être arrêté par les soldats. « Dans les discussions et les cadres de l'Institut [...], nous nous posions toujours en techniciens de la langue[2]. » C'est ainsi que le psittacisme, le fait d'articuler des mots convenus dont on a perdu le sens, prend une fonction socialisante. Il suffit d'articuler ces mots pour être autorisé à participer à la société, mais gare à celui qui ne les prononce pas, il sera arrêté, rééduqué, déporté ou fusillé. Le langage totalitaire permet de vivre en paix, mais il a perdu sa fonction de pensée. Quand, quelques années plus tard, Annette relit les lettres qu'elle a envoyées à ses parents, elle est stupéfaite de voir qu'elle n'y parle que de météo. « Les mêmes phrases reviennent, véritables refrains... j'ai de moins en moins de choses

1. Wieviorka A., *Mes années chinoises*, Paris, Stock, 2021, p. 69.
2. *Ibid.*, p. 70.

à raconter… plus le séjour avance, et plus ma tête est vide[1]. » On se soumet au psittacisme par crainte d'être rejeté du groupe ou de la société alors qu'il suffit de prononcer quelques mots de passe dont le sens n'a aucune importance pour renforcer le sentiment d'appartenance dont nous avons tant besoin : « Tigre de papier… Lutte des classes… Juif riche… Arabe voleur… Nègre musique football… » Quelques phonèmes suffisent pour tisser un lien d'appartenance, on se reconnaît, on se sent bien. La fonction affective de la parole peut nous jouer un vilain tour quand un dictateur s'en sert pour cloner les âmes.

Une entité englobante mène à une réduction abusivement explicative, alors que rencontrer, aimer et se disputer avec une personne à nulle autre pareille mène à la nuance. « J'ai aimé Heidegger, j'ai détesté son engagement nazi, mais après la guerre je continue à admirer sa philosophie. Je vais donc le faire traduire aux États-Unis », aurait pu dire Hannah Arendt quand elle l'a revu après la Libération. Est-ce cette attitude qu'elle appelle « liberté intérieure » ou est-ce une connaissance de laboureur quand cette philosophe-paysanne dit qu'elle n'aime que ce qu'elle connaît ? Une manière de savoir dans son corps, de sentir, d'éprouver et de se mettre à l'épreuve de l'existence. Un tel savoir de terrain est différent du savoir de

1. *Ibid.*

l'intellectuel qui se coupe de la réalité sensible pour se faire une représentation cohérente d'une entité invisible comme « le Juif », « la femme », « l'ouvrier » ou toute autre abstraction désincarnée.

Choisir nos pensées

« Nous pouvons choisir la manière dont nous pensons et celle dont nous agissons[1]. » Viktor Frankl, qui a été cadavre ambulant à Auschwitz où il a perdu son père, sa mère, sa femme et son fils, incarne la liberté intérieure. Quand il revient à la vie après la libération des camps (1945), il décide de sa conduite : « Il faut absolument que je comprenne ce qui s'est passé pour donner sens à ma vie[2]. » Mon existence ne sera plus jamais comme avant, je vais la ressentir d'une autre manière : « [...] comme si tu vivais une seconde fois[3] ». En lisant cette phrase, un souvenir d'enfance a surgi dans ma conscience. Quand la « poche de Royan » où résistait l'armée allemande en 1944 est enfin tombée, quand la bombe a explosé à Hiroshima et que j'entendais autour de moi : « Ça y est, maintenant la guerre est vraiment finie », je me suis soudain senti autorisé à vivre à nouveau. Avant, je n'en étais pas sûr, j'attendais

1. Guignard S., *Je choisis donc je suis*, Paris, Flammarion, 2021, p. 268.
2. Frankl V. E., *Le Sens de ma vie* Paris, Dunod, 2019.
3. Frankl V. E., *Recollections : An Autobiography*, *op. cit.*, p. 124.

la vie avec un espoir muet. Mais, après la Libération, je me souviens d'avoir pensé : « Tu viens d'obtenir un sursis, une nouvelle existence après l'attente de la mort, mais si tu veux vivre à présent, il faut que tu comprennes ce qui s'est passé. » Bien sûr, à l'âge de 7 ans je n'ai pas dû penser avec ces mots que j'écris aujourd'hui, mais je me souviens que l'expression « autorisé à vivre » et « je dois comprendre » étaient déjà dans mon arsenal intellectuel. Quand j'ai revu Mme Descoubès à Bordeaux en 1983, elle m'a dit qu'après mon évasion je ne cessais de répéter : « Une journée comme celle-là, je ne l'oublierai jamais. » La mémoire traumatique est ainsi constituée par un centre précis, au détail près, une hypermémoire focalisée, entourée d'un flou, une confusion des sens qui ne laisse aucun souvenir[1]. Je me souviens du corps de Mme Blanché qui mourait sur moi, je n'ai aucun souvenir de son sang dans lequel elle m'a noyé.

Comment reprendre vie avec, dans sa mémoire, une telle représentation de soi, claire au centre du trauma et obscure autour ? Quand on reste prisonnier d'un traumatisme, quand la mémoire figée ne cesse de voir l'image de l'horreur, de la mort imminente, de la sidération psychique, la vie ne peut pas revenir. On reste soumis à la répétition de l'effroi, on le ressent le

1. Eustache F. (dir.), *La Mémoire, entre sciences et société*, Le Pommier, 2019, p. 156-158.

jour, on le revoit la nuit, on ne peut plus aimer, travailler ni penser, on ne peut que souffrir « comme si ça venait d'arriver ». Ceux qui reprennent vie décident de comprendre ce qui s'est passé, de façon à se réaménager une nouvelle existence. Comprendre, c'est modifier la représentation du trauma en y ajoutant une autre source de mémoire. À la mémoire de l'horreur, on ajoute la mémoire de ce qu'on a compris.

Avant la guerre, Viktor Frankl avait été renvoyé de la société adlérienne parce qu'il l'avait critiquée en lui reprochant ses excès de théories. Il avait entrepris une série de conférences à Vienne, à Berlin, à Prague et à Budapest, ces magnifiques villes d'Europe centrale. C'est ainsi qu'il avait rencontré Otto Pötzl, le professeur de neuropsychiatrie qui venait de succéder à Vienne à Wagner-Jauregg. Il y avait entre ces deux hommes une filiation intellectuelle. Wagner-Jauregg avait découvert qu'en injectant le paludisme à des malades atteints de neurosyphilis, les symptômes neurologiques s'atténuaient, ce qui lui avait valu le prix Nobel en 1927. Il avait aussi découvert qu'il suffisait d'ajouter de l'iode dans le sel de cuisine pour faire disparaître les énormes goitres de ceux qu'on appelait aimablement les « crétins des Alpes ». Dans sa vision hiérarchique des êtres humains, il avait proposé la stérilisation des êtres inférieurs, ce qui lui avait valu la sympathie des nazis. Puis il avait épousé une Juive qu'il considérait comme une femme supérieure. Otto Pötzl qui lui avait succédé à la chaire de neuropsychiatrie était un homme chaleureux qui aimait transmettre ses connaissances. Il s'était intéressé au jeune et brillant étudiant juif Viktor Frankl. L'affectivité passait si bien entre le professeur et son élève que le jeune Viktor le considéra d'emblée comme « son ami paternel[1] ». En 1930, le chaleureux professeur s'inscrivit au parti nazi qui commençait son expansion. Il avait beaucoup d'estime et de respect pour ses élèves juifs, malgré sa proximité avec les idées nazies. Le professeur Pötzl portait le svastika sur le revers de sa veste quand il s'occupait du transfert en neurochirurgie de malades juifs atteints de tumeurs cérébrales et quand il aidait Viktor, son élève devenu chef de service, à augmenter le nombre de lits pour soigner les Juifs qui n'étaient plus acceptés dans les hôpitaux publics.

Viktor a passé trois ans dans quatre camps : Theresienstadt, Auschwitz, Kaufering et Turckheim. C'est incroyable qu'il ne soit pas mort. Ses pieds, gonflés par un œdème de carence, gelés, écorchés, lui permettaient à peine de marcher. Il se regardait mourir avec un certain intérêt, une « distance de soi » où il se voyait, expliquant lors d'un congrès imaginaire comment on meurt à Auschwitz[2]. Très intéressant, n'est-ce pas ? Le plaisir de comprendre comment il mourait lui

1. Frankl V. E., *Recollections : An Autobiography*, *op. cit.*, p. 68.
2. *Ibid.*, p. 98.

permettait de moins souffrir. Il ne souffrait que du gel et de la famine, il ne souffrait plus de l'angoisse de la mort imminente puisque, dans son âme, il préparait une réflexion intéressante à partager avec ses amis médecins. Quand le camp de Turckheim a été libéré par les soldats texans, les infirmières demandèrent à Viktor ce qu'il comptait faire pour se venger. Alors, il a répondu : « C'est une baronne catholique qui a risqué sa vie en cachant mon cousin dans son appartement [...], c'est un maire socialiste que je ne connaissais même pas qui me passait en cachette de la nourriture volée, [...] le chef du camp, un SS qui était médecin, se rendait à la pharmacie du village pour acheter avec son propre argent des médicaments pour les déportés malades... quand les soldats américains sont arrivés, nous l'avons caché afin de lui éviter une arrestation brutale[1]. »

En 1946, cette attitude de déportés qui protégeaient certains nazis a provoqué l'indignation des associations françaises et autrichiennes qui s'occupaient des survivants. « Les Allemands sont tous coupables, disaient-ils, parce qu'ils ont provoqué une guerre mondiale avec cinquante millions de morts, des ruines et des souffrances infinies. » Viktor répondait : « Il n'y a pas de culpabilité collective, un grand nombre d'Allemands se sont laissés embarquer dans un courant d'idées qu'ils n'ont pas su contrôler. » Quelques-uns ont réussi à nager en

1. *Ibid.*, p. 100-103.

sens contraire, mais quand le torrent bouillonne, c'est difficile de ne pas se laisser entraîner dans une doxa puissante, structurée par les stéréotypes. C'est difficile de juger, quand une communauté récite des phrases criminelles qui s'intériorisent dans la mémoire au point de devenir des croyances non discutables[1]. L'énoncé qui affirme que « les Allemands sont coupables d'avoir provoqué la Seconde Guerre mondiale » devient à son tour matrice de conformisme. La pensée paresseuse ne procure que des amis qui disent tous la même chose, ce qui empêche la vérité, forcément nuancée.

Viktor Frankl exprime une attitude mentale proche de celle de Hannah Arendt quand elle explique qu'elle n'aime pas les peuples, entité hétérogène, mais qu'elle aime une personne, quel que soit son peuple. Ce qui vaut pour une collectivité ne vaut pas pour les individus qui composent cette collectivité. Il y avait des brutes et des sadiques parmi les nazis, mais il y avait aussi des intellectuels coupés de la réalité sensible, tellement soumis à leurs représentations qu'ils sont devenus capables de commettre les pires crimes[2]. On a peu parlé des Allemands qui ne se sont pas laissé emporter par le torrent des idées toutes faites, on a surtout vu ceux qui se sont laissé embarquer par les idées de grandeur,

---

1. Sloman S., Fernbach P., *The Knowledge Illusion*, New York, Riverhead Books, 2017.
2. Browning C., *Des hommes ordinaires : le 101e bataillon de réserve de la police allemande et la solution finale en Pologne*, Paris, 10/18, 1996.

de pureté et de bonheur, sans imaginer leurs conséquences criminelles. Des images trop claires ont monopolisé les médias : les foules ordonnées au centimètre près, les casques, les fusils, la marche au pas de l'oie qui mécanise les âmes et ordonne les foules obéissant comme un seul homme à un chef extatique.

Dès qu'il revient à Vienne, Viktor s'inquiète de ce qu'est devenu le professeur Pötzl. Il le retrouve le jour où il apprend que sa femme ne reviendra jamais des camps. Et c'est sur l'épaule de son professeur nazi qu'il exprime son chagrin. En 1924, Hannah Arendt, 18 ans, est enchantée par son professeur de philosophie Martin Heidegger âgé de 34 ans. Ils sont jeunes et se plaisent à l'exercice de la pensée. Ils tombent amoureux et s'entourent d'un petit cénacle où l'on note la présence d'Herbert Marcuse, Leo Strauss et Hans Jonas, tous juifs. Les persécutions antisémites obligent Hannah Arendt à fuir l'Allemagne tandis qu'Heidegger accède à un poste de responsable au comité central du parti nazi. Après la guerre, en 1964, les anciens amoureux se retrouvent et Hannah écrit : « La pensée est redevenue vivante[1]. » La philosophe n'est plus amoureuse, mais elle reste admirative de la philosophie d'Heidegger. Alors, elle le fait traduire aux États-Unis. À la même époque, Viktor se fait photographier dans la

1. Grunenberg A., *Hannah Arendt et Martin Heidegger. Histoire d'un amour*, Paris, Payot, 2009.

bibliothèque d'Heidegger souriant et fier d'être approché par ce brillant psychiatre[1].

Comment avoir des idées claires après ça ? Toute clarté schématise le monde mental. Le monde intime est composé de mille pulsions désordonnées que nos représentations ordonnent en faisant un ménage intellectuel. Cette réduction donne une cohérence nécessaire et abusive. Je me suis toujours demandé pourquoi, dans la synagogue où j'étais emprisonné, j'avais gardé dans ma mémoire l'image de ce soldat en uniforme noir qui avait décidé de venir vers moi pour me montrer la photo de son petit garçon. Il voulait me parler de son enfant, à qui je ressemblais probablement. Mais pourquoi ai-je gardé en mémoire cette saynète alors que je n'ai rien engrammé des coups de fusil dont la trace est encore visible sur les piliers de l'arche ? Pourquoi ai-je tant aimé Émile en 1948 qui, en acceptant d'être mon subrogé tuteur, m'a donné la possibilité de retrouver un lambeau de famille ? Je pense aujourd'hui que j'ai plutôt aimé l'idée que je me faisais de cet homme parce qu'elle révélait ce que je rêvais de devenir : gai, costaud, scientifique et voyageur. Cette image de lui dévoilait mes aspirations d'enfant. Il y a quelques années, j'ai appris qu'il lisait *Gringoire*, journal maurrassien, et militait avant la guerre dans un mouvement antisémite. Je n'ai pas souffert parce que

1. Frankl V. E., *Recollections : An Autobiography*, *op. cit.*, p. 114.

j'ai été sidéré, anesthésié, *knocked-out*. J'ai entendu sans émotion un énoncé impensable. Quand la réflexion est revenue en moi, j'ai compris que c'est grâce à ses relations qu'il avait pu convaincre la Gestapo de repartir sans arrêter Dora, la sœur de ma mère qu'ils étaient venus chercher.

Comment avoir des idées claires après une telle expérience ? Claude Berri, le cinéaste, s'est inspiré d'une situation analogue qu'il a connue pendant la guerre quand il a été caché chez un paysan antisémite. Le brave homme ne cessait de ronchonner contre l'invasion juive[1]. L'enfant ne pouvait pas dire son nom, Claude Langmann, qui aurait révélé sa judéité et l'aurait condamné à mort. Alors, comme il aimait beaucoup son « pépé », il jouait à le mettre en contradiction. Il l'encourageait à exprimer son attachement, puis il lui faisait dire qu'il n'aurait jamais pu aimer un Juif. Aurait-il suffi d'un aveu – « je suis juif » – pour que l'amour s'éteigne ? Un simple énoncé pourrait-il, d'un seul coup, déchirer un lien affectif ? Peut-on à ce point se soumettre à la verbalité ? À la Libération, quand le pétainisme s'est effondré, le petit garçon juif a beaucoup consolé son pépé antisémite.

De nombreux enfants cachés ont tissé des liens d'attachement avec les paysans qui les protégeaient jusqu'au jour où le gentil grand-père a pesté contre

1. Berri Claude, *Le Vieil Homme et l'Enfant*, film, 1967.

les Juifs « fauteurs de guerre » ou responsables de la pénurie alimentaire. Le fait que le lien d'attachement se tisse dans le réel n'exclut pas la soumission à des représentations coupées du réel. Le simple fait d'articuler le mot « Juif » découpe des réalités hétérogènes. Il y avait des riches, des pauvres, des escrocs et quelques Juifs antisémites. Quand Xavier Vallat a été nommé directeur au Commissariat aux questions juives en 1941, il a eu beaucoup de mal à définir le Juif : « Une personne est juive quand elle a trois grands-parents juifs, baptisés ou non[1]. » Dire qu'on est juif parce qu'on a des parents juifs ne dit pas ce qu'est être juif. D'autant qu'il y a mille manières d'être juif. « Les Géorgiens, Karaites, Jugutis, Subloniks, Ismaélites, sont-ils juifs ou non ?... Les Géorgiens s'inspirent de la Torah mais pas du Talmud... Vichy les considère comme juifs, mais pas les nazis[2]. » Pourtant, dès que ce mot est tamponné sur une carte d'identité, il devient un passeport pour Auschwitz.

Il y a bien un moment où il faut décider si on tamponne ou si on s'abstient. L'action de ce mot sur le réel donnera des destinées opposées, la mort ou la vie, comme ça, sur un mot qui désigne on ne sait quoi. Certains se soumettent à une telle injonction verbale, alors que d'autres hésitent ou même s'opposent. Ceux

1. Callil C., *Bad Faith : A Story of Family and Fatherland*, *op. cit.*, p. 236.
2. *Ibid.*

qui tamponnent haïssent-ils les Juifs ? Le policier qui arrête le porteur d'une carte qui condamne à mort ne connaît pas la personne qu'il arrête, et il se fait une idée vague des motifs de l'arrestation. D'ailleurs, il n'en a pas besoin. Il obéit à un énoncé dont il ignore le motif. Certains ont fait semblant de ne pas voir le tampon et ont fait signe au possesseur de la carte de déguerpir. D'autres ont couru pour prévenir qu'une rafle allait être ordonnée et qu'ils devraient revenir quelques heures plus tard, cette fois-ci en uniforme, contraints à obéir. Ceux qui ont gardé une petite liberté intérieure ont pris des risques, il était plus facile de se soumettre à une injonction verbale qu'ils n'avaient pas à juger. Ces « refusants[1] » sont-ils faits d'une étoffe différente de ceux qui consentent ? Les « acceptants » sont-ils fanatiques, soumis, obéissants ou je-m'en-foutistes ?

Attachement et raisons

Plusieurs approches scientifiques ont tenté de répondre à cette question. Les études expérimentales inspirées par la théorie de l'attachement évaluent que « les sécures ont une grande flexibilité dans les représentations[2] ». Quand on leur donne un ordre,

1. Breton P., *Les Refusants*, Paris, La Découverte, 2009.
2. Gil Rodriguez T., *L'Influence de l'accompagnement de l'adulte... en situation non professionnelle*, mémoire de diplôme d'université, Toulon, septembre 2021.

ils s'accordent un bref instant pour évaluer et juger ce qui leur est demandé. Ils obéissent la plupart du temps puisque ça permet l'ordre social, mais parfois ils ne se sentent pas le droit d'obéir. Si un médecin recevait une consigne du ministère de la Santé lui demandant de prescrire du cyanure dans le biberon des nouveau-nés afin de réguler l'excès de naissances, devrait-il obéir ? Éprouverait-il une incapacité morale à obéir ? Il m'est arrivé, comme beaucoup de médecins varois, de recevoir une lettre d'un homme politique qui, estimant qu'il y avait trop d'arrêts de travail, nous demandait d'envoyer un double du certificat avec la motivation médicale. La plupart des médecins, indignés, voulaient descendre dans la rue pour manifester. J'ai fait partie de ceux qui ont lu la lettre, l'ont soigneusement rangée dans la poubelle et n'ont rien changé à leurs habitudes. Dans des conditions plus tragiques, pendant la Seconde Guerre mondiale, Chérif Mécheri, préfet musulman du gouvernement de Vichy, reçoit l'ordre de dresser la liste des Juifs habitant la région de Limoges afin de préparer une rafle : il ne dit rien et ne fait pas le travail, rendant ainsi la rafle impossible[1].

Comment expliquer que certains parmi nous, quels que soient leur niveau d'éducation ou leur culture, se soumettent aisément à un papier administratif qui leur

1. Cyrulnik B., Lenzini J., *Chérif Mécheri. Préfet courage sous le gouvernement de Vichy*, Paris, Odile Jacob, 2021.

demande d'organiser la mise à mort de millions de personnes alors que d'autres, incapables d'exécuter un ordre qui les aurait fait mourir de honte, ont préféré prendre le risque de ne pas obéir ? Où est le mal dans tout ça ? Hannah Arendt disait que le mal ne peut pas être radical puisqu'il n'a pas de racines[1]. Quand Eichmann, comme tous les génocidaires, a dit : « Je n'ai fait qu'obéir », il dit la vérité. Mais ce qu'il disait lui permettait de ne pas dire qu'il obéissait à des ordres qui satisfaisaient ses propres désirs. C'est par antisémitisme qu'il s'était engagé dans les SS, et son zèle l'avait amené à un poste de responsabilité dans la persécution. Le contresens sur la « banalité du mal » vient de la discordance entre le stéréotype du grand criminel et le train-train de la persécution. On s'attendait à voir un majestueux assassin, un monstre prenant la forme d'un bel officier SS cinglant et cruel, et l'on se retrouvait face à un petit fonctionnaire dans une cage, qui ne cessait d'écrire et d'argumenter le moindre détail. Mais ce petit bonhomme avait détenu une arme redoutable, un stylo qui avait réalisé ses rêves de stérilisation, de récupération des biens, d'incarcération, d'exil et de déportation de 800 000 Juifs. Eichmann, comme beaucoup d'autres, avait réalisé son désir de destruction, au jour le jour, sans emphase, signature après signature, comme un petit fonctionnaire appliqué. Pendant son

1. « Radical » vient de « radicelles » = « petites racines ».

procès, il n'a pas changé de comportement, il prenait des notes sur des bouts de papier et argumentait sur les idées de Léon Poliakov qui venait de créer, avec Raymond Aron, le Centre de documentation juive contemporaine. Eichmann parlait sans émotion une langue technique comme s'il avait lu un mode d'emploi de machine à laver[1]. Celui dont l'affectivité est à ce point engourdie se soumet aisément à des entités verbales invisibles : « le Juif, le Slave, le Nègre ». Le mot ne désigne plus une personne vivante, il évoque l'idée que s'en fait le persécuteur. « Il y a des pouvoirs et des forces qui sont plus forts que la volonté de l'individu[2]. » C'est ce que l'on ressent quand on se laisse posséder par une pression externe, un récit sans racines qui nous amène à renoncer avec bonheur à toute liberté intérieure. Eichmann, « vide de toute pensée », comme le disait Arendt, utilisait des phrases confectionnées par un clan qui jouait aux dés, en oubliant qu'il s'agissait d'êtres humains. Pour ne pas rencontrer une véritable altérité, Eichmann, pendant toute la durée de son procès, n'a jamais regardé un témoin dans les yeux car, alors, il aurait rencontré un homme et peut-être aurait-il eu du mal à signer sa condamnation à mort ? Les papiers administratifs ne parlaient pas de « mort »,

1. Sifneos P. E., « The prevalence of "alexithymic" characteristics in psychosomatic patients », *Psychother. Psychosom*, 1973, 22 (2), p. 255-262.
2. Théofilakis F., « Adolf Eichmann à Jérusalem ou le procès vu de la cage de verre (1961-1962) », *Vingtième siècle. Revue d'histoire*, 2013, 4 (120), p. 71-85.

ils employaient l'euphémisme de « déportation ». Pour réaliser le programme d'extermination qui rendait Eichmann heureux, il fallait désincarner toute relation.

Quand Primo Levi arrive à Auschwitz, il est effaré par ce qu'il voit : des choses partout ! Des choses matérielles, humides, fangeuses, des cabanes en bois, des rangées inertes, et des choses humaines répandues par terre, des cadavres décharnés, déambulant comme des mécaniques. Soudain, il reconnaît parmi les gardiens SS un collègue chimiste qu'il avait rencontré dans un congrès avant la guerre. Enfin une relation humaine ! Il s'approche pour lui dire deux mots, mais le SS lève les yeux, il regarde en l'air pour ne pas avoir à le rencontrer. En évitant le regard de l'autre, le gardien a effectué plus facilement son travail de mort. Il faut que l'autre ne soit pas un homme pour que l'on puisse le tuer sans culpabilité[1].

J'ai connu la même situation en 1944, quand j'ai été arrêté. L'image traumatique des trois ou quatre hommes qui entouraient mon lit lancinait ma mémoire : lunettes noires, la nuit ? J'ai donné sens à cette image en me disant que ces hommes ne voulaient pas être reconnus par les voisins. J'y ai cru pendant des années parce que cette explication donnait cohérence à cet invraisemblable événement. Mais, en lisant Primo

1. Levi P., *Se questo è un uomo*, Turin, Da Silva, 1947 ; trad. fr. *Si c'est un homme*, Paris, Robert Laffont (préface Philippe Claudel), 2017.

Levi, j'ai compris que les lunettes noires la nuit servaient à ne pas croiser mon regard d'enfant. Quand une rafle a lieu à 5 heures du matin, il n'y a pas de voisins. Dans le couloir, les soldats allemands regardaient le plafond. S'ils m'avaient regardé, ils auraient vu un petit garçon de 6 ans qu'ils venaient chercher pour l'envoyer à la mort. Quand on a reçu l'ordre de tuer, il vaut mieux éviter tout contact humanisant pour obéir tranquillement.

Les récits possèdent le pouvoir de façonner les émotions. Ils peuvent enthousiasmer, indigner, angoisser et même érotiser la haine. L'aventure culturelle des *Protocoles des Sages de Sion* illustre cette idée. Il s'agit d'un film de fiction réalisé par la police du tsar, où l'on voit des Juifs s'emparer du monde. Ils plantent leurs doigts et leur nez crochus dans un planisphère terrestre et on les entend dire qu'ils nomment le roi des Juifs « pape de l'univers ». Ce film a eu un grand succès en Allemagne parce qu'il permettait aux blonds aryens de voir, de leurs yeux voir, que leur race supérieure était injustement privée de la domination à cause de Juifs fourbes et tout-puissants. La haine devenait un plaisir quand elle était provoquée par cette mise en scène. Le film ne désignait rien du réel, un « mal sans racines », disait Arendt, mais il donnait forme à l'indignation vertueuse qui légitimait la violence antisémite : « Ils possèdent le monde, ils entravent notre épanouissement, ils sont la cause de notre souffrance et nous ne dirions rien ! Aux armes ! Brisons leurs vitrines, brûlons leurs synagogues ! »

Quelques années après la fin de la guerre, quand la France a eu moins besoin du déni pour se protéger, la culture a osé ouvrir les yeux et se demander comment des êtres humains avaient pu réaliser de tels crimes et rentrer chez eux pour continuer leur vie de famille et travailler à reconstruire la société. L'explication la plus rapide fut de dire : « Les nazis sont des malades mentaux… des monstres… des barbares. » Ces énoncés trop clairs arrêtaient la pensée en se payant d'un mot. Le constat n'a pas été facile, tellement nous étions déroutés par des faits impensables. Quand on a appris que Hannah Arendt avait revu Heidegger et avait facilité sa traduction aux États-Unis, que Viktor Frankl avait caché le professeur Pötzl pour le protéger du jugement des Alliés, la fureur fut la réaction habituelle. Le mal étant du côté nazi, les victimes étaient forcément innocentes. Il était juste d'agresser les persécuteurs, il était scandaleux de chercher à les comprendre.

La collecte des données nuance les certitudes. Il n'est pas rare de voir des fanatiques exaltés incapables de passer à l'acte, alors qu'à l'inverse on a pu voir de gentils voisins entrer dans la maison de celui que la police venait d'arrêter pour s'emparer du grille-pain dont ils avaient besoin. « Ce n'est pas du vol », disaient-ils, puisque l'aryanisation des biens juifs appliquée en Allemagne dès 1940 a été officialisée en France en 1941[1]. « Dans la population des persécuteurs, on trouve de grands intellectuels, des psychopathes, des délinquants et un grand nombre d'hommes ordinaires[2]. » On a dit que pour être un tueur en série, il fallait être un malade mental, or la plupart « des tueurs en série ne manifestent aucune pathologie mentale et se révèlent des hommes ordinaires[3] ». J'ai eu l'occasion de rencontrer l'un des sept survivants du massacre d'Oradour-sur-Glane. Le 10 juin 1944, la division Das Reich rassemble six cent quarante-trois habitants du village et les fait attendre sur la place. Le boulanger proteste parce que son pain va être trop cuit, les femmes s'inquiètent, les enfants s'impatientent, les soldats les font entrer dans l'église et, sans cause déclenchante, sans explication, mettent le feu. Xavier Vallat dit que « c'est la faute à la population française, s'ils avaient obéi, il n'y aurait pas eu de massacres ». En 1953, le procès délocalisé à Bordeaux condamne un seul Alsacien, engagé volontaire chez les SS[4]. Robert Hébras est frappé de stupeur, quand il reconnaît un incendiaire. Bien habillé, répondant

1. Dreyfus J.-M., « L'"aryanisation" économique et la spoliation pendant la Shoah », *Revue d'histoire de la Shoah*, 2007, 1 (186), p. 15-41.
2. Rechtman R., *La Vie ordinaire des génocidaires*, Paris, CNRS Éditions, 2020, p. 24.
3. Zagury D., *La Barbarie des hommes ordinaires*, Paris, Éditions de l'Observatoire, 2018.
4. Follin M., Wilmart M., *Oradour*, documentaire, coproduction Conseil général de la Haute-Vienne et FR3 Limousin-Poitou-Charentes, 1988.

calmement, il est honoré pour le courage qu'il manifeste en travaillant à la reconstruction de la France.

La pensée facile, le Diable et le bon Dieu, le Bien et le Mal, ça ne marche pas. Chez le même homme, il y a des pulsions contraires : la rage de détruire et le courage de reconstruire. C'est par empathie que Himmler a commandé la construction des chambres à gaz. Quand il a vu le malaise de ses soldats, blancs d'angoisse et obligés de boire de l'alcool pour se donner la force de mitrailler des femmes nues portant leur bébé dans les bras, il a compati avec eux et a proposé une technique propre pour tuer ces gens sans traumatiser les soldats. Quand la lobotomie a été inventée, les congrès ne parlaient que de technique : faut-il faire un volet frontal, introduire une aiguille dans le creux sus-orbitaire, injecter de l'alcool, couper avec un scalpel ? Le succès technique arrêtait l'empathie et empêchait de voir que le prix humain était exorbitant, que la « guérison » apportait plus de troubles que la maladie. Le geste technique, les consignes militaires ou administratives, le désir de bien faire occupent l'espace psychique. Pas de débat puisqu'il n'y a pas d'altérité, seuls comptent le geste et le mot. « La forme qui prend vie dans le langage[1] » éclaire un segment de monde et éteint tout le reste. On voit le gentil incendiaire reconstruire la France, on souffre de la souffrance des

1. Rechtman R., *La Vie ordinaire des génocidaires*, *op. cit.*, p. 34.

SS qui ont tant de femmes à fusiller, on voit la précision du geste technique qui coupe un lobe préfrontal. Puisqu'on ne peut pas voir tout du monde, on réduit la vision aux faits auxquels les récits nous ont rendus sensibles. « C'est ça la guerre », dit le lieutenant Calley après avoir mis le feu à un village vietnamien où il n'y avait que des familles sans armes[1]. Quand les hommes ordinaires reviennent à la vie civile, ils ne racontent que leurs propres souffrances, la chaleur tropicale, le stress, la mort des camarades. Ils se présentent comme des victimes et s'indignent de ne pas être reconnus par leur propre culture[2]. La monstruosité serait-elle banale, sommeillant au fond de chacun d'entre nous et se réveillant chaque fois que notre besoin d'appartenance risque d'être déchiré ? Accepterions-nous d'obéir à des ordres monstrueux pour éviter de perdre une figure d'attachement ? Notre besoin d'affection est tellement vital que nous nous laissons convaincre par n'importe quel argument qui maintient le lien. La fiction qui fait l'affaire ne sert pas à raisonner, mais aide simplement à demeurer ensemble. C'est pourquoi il nous faut des récits, des visions partagées du monde auquel nous donnons des apparences rationnelles pour défendre des idées irrationnelles. Le bénéfice est si grand que nous préférons les rationalisations qui donnent une

1. Massacre de Mỹ Lai, au Viêt-Nam, en 1968.
2. Peschanski D., Maréchal D. (dir.), *Les Chantiers de la mémoire*, Bry-sur-Marne, INA Éditions, 2013, p. 98-114.

vraisemblance à des sentiments qui viennent d'on ne sait où. Quand la raison nous isole et nous désolidarise, nous préférons la rationalisation qui renforce le lien et nous sécurise. Ce qui permet la survie c'est de vivre ensemble, ce n'est pas la recherche de la vérité. La coopération contrôle le réel, élimine les points dangereux et sélectionne les facteurs de protection. Notre raison sert avant tout à trouver des arguments pour affronter le réel dangereux et supporter les événements douloureux[1]. Celui (ou celle) qui ne partage pas nos combats et nos croyances nous vulnérabilise. Il prend pour nous la signification d'un traître ou d'un agresseur qui nous empêche de nous défendre. Cette fausse raison est une vraie rationalisation. Est-ce la cause des guerres de croyances qui existent depuis que l'homme répond à des représentations ? En cherchant à comprendre le monde mental de l'autre, nous ouvrons notre monde mental mais nous vulnérabilisons notre groupe. La rationalisation, au contraire, renforce le lien, grâce à la récitation, illusion de pensée.

Anomie affective et verbale

Quand il n'y a plus de récits pour organiser un groupe, l'absence de structure verbale crée une anomie.

1. Mercier H., Sperber D., *L'Énigme de la raison*, Paris, Odile Jacob, 2021.

Ça part dans tous les sens et ça permet au plus brutal d'imposer sa loi. Il faut des énoncés pour structurer les relations et les sentiments. Je me souviens de ce jeune homme de 17 ans qui avait invité un copain chez lui. Il doit s'absenter quelques heures et, quand il revient, il découvre que son copain est dans le même lit que sa mère. Il fait semblant de sourire, mais cette aventure provoque le divorce de ses parents et le désoriente. Quelques mois plus tard, quand je revois ce jeune, il me dit : « Ma mère vient maintenant dans notre bande, mais je ne sais pas comment je dois me comporter. Est-elle encore ma mère, la femme de mon père ou est-ce une copine, la femme de mon copain ? Est-ce une aventure extraconjugale qui a blessé mon père, ou est-ce un nouveau lien que je dois accepter ? Je ne sais plus que faire, je ne sais plus que penser. Qui suis-je dans ses nouvelles relations ? Je ne parviens plus à me situer, je ne sais plus quels comportements je dois adopter. » L'énoncé est nécessaire pour structurer un groupe, mais il varie selon les cultures. L'inceste est un tabou universel, mais il est énoncé différemment selon les cultures[1]. En Occident, aujourd'hui, on a tendance à penser que l'interdit porte sur les parents biologiques, mais ça n'a pas toujours été le cas. Il y a deux ou trois générations une relation sexuelle entre un parrain et

1. Godelier M., *L'Interdit de l'inceste à travers les sociétés*, Paris, CNRS Éditions, 2021.

sa filleule était considérée comme un inceste spirituel, une grave transgression pénalisable. Chez les Baruyas de Nouvelle-Guinée, on énonce la loi qui dit que tous les hommes du côté du père et toutes les femmes du côté de la mère sont parents, donc sexuellement interdits. Une femme de 30 ans qui aurait des relations avec un adolescent de 15 ans serait considérée comme incestueuse. L'interdit, partout proclamé et institutionnalisé, demeure sans cesse pratiqué parce que tout le monde n'éprouve pas cet énoncé de la même manière. Aujourd'hui, on ne nomme plus inceste une rencontre sexuelle entre cousins. Ce mot, lourd de retombées sociales et psychologiques, désigne des relations entre parents très proches (père-mère-enfant). Mais depuis quelques générations, dans les familles, plusieurs fois recomposées, l'énoncé ne désigne plus clairement qui est père. Est-ce l'amant qui a planté l'enfant ? Est-ce le deuxième ou le troisième beau-père ? Est-ce la grand-mère qui fait fonction de père quand une femme seule élève ses enfants avec sa propre mère ? Est-ce la compagne d'une femme homosexuelle qui a porté l'enfant ?

Quand la violence de la culture a donné le pouvoir aux hommes en utilisant leur propre violence, il a fallu affirmer la paternité, tant cette charge était énorme. C'est la virginité des femmes qui désignait le père. « Puisque ma femme était vierge la nuit du mariage, et puisque la société l'a enfermée à la maison pour servir son mari et ses enfants, je suis certain d'être le père. » Les femmes ont payé la certitude de la paternité qui a aussi coûté très cher aux hommes. Puisque tu es le père, tu dois accepter n'importe quel travail et donner tout ton salaire à ta femme. J'ai connu beaucoup d'étudiants en médecine qui, ayant engrossé leur compagne, ont arrêté leurs études et accepté n'importe quel petit boulot.

La connaissance abstraite n'est pas sécurisante quand on n'a pas le contrôle du réel. Elle peut même créer un moment de vulnérabilité qui encourage à se soumettre à celui qui sait. Dans les années 1970, on commençait à décrire les sténoses de la carotide, sources d'embolies cérébrales. Les publications médicales nous conseillaient de demander à la famille de choisir entre l'abstention ou l'intervention, dont les résultats étaient incertains à cette époque. Les familles, très angoissées par ce choix, par cette responsabilité face à un problème qu'elles ne maîtrisaient pas, devenaient agressives en nous accusant de ne pas prendre nos responsabilités. On se sent mieux quand on obéit à celui qui sait, mais on se sent mieux aussi quand on obéit à celui qui prétend savoir.

L'homme n'est pas le maître dans son monde psychique. Depuis Freud, on sait que l'inconscient nous gouverne, et, depuis les neurosciences, on sait que ce qui sculpte notre cerveau et structure nos pulsions est imprégné dans notre mémoire par les pressions du milieu. Il s'agit d'une transaction entre ce qu'on est et ce qui est autour de nous. Il y a une première période particulièrement sensible au cours des mille premiers jours[1], une deuxième au cours de l'élagage synaptique de l'adolescence et, pour les femmes, un façonnement supplémentaire lors de la première grossesse[2]. Ce qui revient à dire que la tendance à se soumettre que l'on constate lors des périodes de vulnérabilité ne se situe pas dans le psychisme du sujet, mais prend racine à l'extérieur, dans les trois niches, biologique, affective et verbale, dans lesquelles tout sujet baigne. Quand le milieu précoce est appauvri, on acquiert un manque d'estime de soi qui nous vulnérabilise. Dès lors, il suffit d'une minime désorganisation sociale pour activer notre besoin de dépendance. À l'inverse, quand le sujet a bénéficié des trois niches, des facteurs de protection se sont imprégnés dans sa mémoire. Ayant acquis une stabilité émotionnelle, il dépend moins des pressions extérieures, il a moins besoin de l'effet sécurisant de l'autorité. C'est pourquoi les tueurs ne sont pas caractérisables par une structure psychologique. À l'exception des schizophrènes, des bouffées délirantes ou des intoxications du cerveau qui font perdre

1. Smith J. (dir.), *Le Grand Livre des 1 000 premiers jours de vie*, *op. cit.*
2. Hoekzema E., Tammes C., Berns P., Barba-Müller E., « Becoming a mother entails anatomical changes in the ventral striatum of the human brain that facilitate its responsiveness to offspring cues », *Psychoneuroendocrinology*, 2019, 112, art. 104507.

tout libre arbitre, l'immense majorité des tueurs ont une structure psychologique qui se situe dans l'éventail des normalités. Un homme normal peut tuer sans frein ni culpabilité quand une désorganisation sociale le vulnérabilise et le rend dépendant de l'autorité d'un autre.

Les masses sont aveugles quand leur environnement mal structuré les rend vulnérables. Quand l'incertitude les trouble, elles aspirent à se soumettre à un chef, un sauveur, un héros ou un gourou. Les hommes et les femmes qui se laissent embarquer sont rarement des sadiques, des monstres ou des débiles. Tous les niveaux intellectuels et éducatifs participent au crime de masse, mais tous se soumettent à une représentation qui décrit un ennemi d'où vient le mal comme une souillure ou comme un cancrelat qu'il faut éliminer par hygiène. Quand on habite exclusivement un monde sans racines, il devient moral de nettoyer les sources d'infection, les insectes nuisibles et les malades mentaux, ces vies sans valeur qui coûtent inutilement cher.

Se soumettre à l'autorité

Je suis mal à l'aise en écrivant ces lignes, j'ai du mal à accepter l'idée que moi aussi, je pourrais devenir un bourreau insensible ou que je pourrais commettre des crimes de stylo. Pas moi, tout de même ! Et pourtant, je me souviens qu'au PCB[1], je n'avais pas pu ouvrir le ventre d'un cobaye attaché sur une planchette. J'avais lâché le scalpel, et une jeune professeure de biologie m'avait expliqué que si l'animal criait, ça ne voulait pas dire qu'il souffrait car « lorsque votre vélo grince vous ne pensez pas qu'il souffre ». Cette gentille biologiste avait totalement accepté l'idée de l'animal-machine. Elle n'était ni sadique ni débile. Quelques années plus tard, à la fin de mes études, quand j'ai dû apprendre à faire des points de suture, des enseignants que j'admirais m'ont expliqué qu'il ne fallait pas faire d'anesthésie, même locale, parce que ça modifiait les symptômes et qu'on risquait de ne pas voir les complications, ce qui est parfaitement vrai. J'ai donc appris à faire des points de suture très vite, pour moins faire souffrir les enfants. Mais ils souffraient ! La neuro-imagerie aujourd'hui photographie comment une trace douloureuse modifie le fonctionnement cérébral. Je suis donc obligé de reconnaître que je me suis soumis à l'autorité de mes maîtres parce que je les admirais, parce que je n'avais aucune connaissance et parce que je n'étais pas capable d'indépendance d'esprit. Je débutais, je ne savais rien faire et j'admirais ceux qui savaient. N'ayant pas la possibilité de nuances, je me soumettais à un énoncé

1. PCB = physique, chimie, biologie. Ancienne année préparatoire aux études de médecine.

qui torturait les enfants. En étant normalement inférieur, puisque j'avais tout à apprendre, je devenais « sur-normal[1] », ce qui arrêtait mon empathie. Je souriais, je parlais gentiment aux enfants à qui je venais de faire du mal, au nom d'un principe supérieur que je n'étais pas capable de contester. Mon ignorance, en me rendant vulnérable, me soumettait à une autorité que j'acceptais et même que je désirais. Je n'avais aucune culpabilité parce que la représentation que je me faisais du point de suture était utile et morale : « C'est pour son bien que je lui fais mal. » Aujourd'hui, une infirmière prend une compresse, fait couler sur la plaie un peu de liquide anesthésiant et, quelques minutes plus tard, on recoud les chairs et la peau en bavardant avec l'enfant. Mon ignorance m'avait soumis à une autorité supposée savoir.

Vingt ans après la Seconde Guerre mondiale, un jeune psychosociologue, Stanley Milgram, a fait une expérience mille fois citée, pour tenter de résoudre cette énigme : « Serions-nous tous capables d'obéir jusqu'à commettre un meurtre en toute bonne conscience[2] ? » Le dispositif expérimental était le suivant : des personnes étaient invitées à participer à une étude qui avait pour ambition de démontrer comment une punition

1. Zagury D., Assouline F., *L'Énigme des tueurs en série*, Paris, Plon, 2008.
2. Milgram S., *Obedience*, film, 1965 (disponible à la New York University Film Library). Milgram S., *Obedience to Authority : An Experimental View*, New York, Harper and Row, 1974.

pouvait améliorer les apprentissages. Des « expérimentateurs » invités devaient envoyer des chocs électriques d'intensité croissante, de 45 à 450 volts, chaque fois que l'« apprenant » commettait une erreur. Il n'y avait, bien sûr, pas de choc électrique ; une ampoule s'allumait sur une pancarte qui désignait l'intensité supposée du choc et un comédien mimait la souffrance censée correspondre à la décharge électrique : petit gémissement d'abord, puis mimique de douleur et cris croissant avec l'intensité du choc. Le résultat de cette expérimentation fut que 65 % des « enseignants » n'avaient pas hésité à envoyer des décharges torturantes pour que le sujet apprenne mieux. Il y avait de très nombreuses variables qui modifiaient ces résultats : la proximité de la figure d'autorité, les symboles vestimentaires ou le genre de l'expérimentateur, mais, dans l'ensemble, ceux qui avaient accepté d'envoyer les chocs torturants n'étaient pas plus agressifs que les 35 % qui avaient refusé d'exécuter le « contrat » parce que l'« apprenant » exprimait trop de souffrance. Ce qui expliquait cette obéissance excessive, c'était la soumission à une autorité morale. Milgram estimait avoir ainsi prouvé l'expression de Hannah Arendt, décrivant la « banalité du mal » quand elle avait rendu compte du comportement d'Eichmann lors du procès de Jérusalem. L'expérience de Milgram a servi à expliquer le massacre de Mỹ Lai au Viêt-Nam, l'extermination des Indiens d'Amérique et l'esclavage noir où vingt millions de personnes ont été privées de liberté, vendues et torturées afin que le prix du sucre n'augmente pas ! Quand Jean-Léon Beauvois a refait l'expérience[1], je lui avais suggéré de s'intéresser à ceux qui avaient désobéi. Le taux d'obéissants avait dépassé 80 % parce qu'on avait dit aux personnes qui envoyaient les chocs qu'il s'agissait d'un jeu télévisé, c'était donc moins grave. La petite population des indociles était hétérogène. Certains avaient eu du mal à obéir : « Je me force à envoyer un choc, mais je vois bien que ça lui fait mal. » Une participante a avoué : « Je ne peux pas appuyer sur le bouton qui le fait souffrir. » Et quelques-uns, habitués à la rébellion, ont simplement dit : « Contrat ou pas, moi, je m'en vais. » Quelle que soit la mise en scène, le dispositif d'observation, les obéissants ont toujours été plus ou moins majoritaires, ce qui est un signe d'intégration sociale. On obéit d'abord à la mère parce qu'elle nous protège et qu'on veut s'en faire aimer. Puis on obéit à l'école pour obtenir un diplôme qui va nous socialiser. On obéit à l'armée, pour défendre la France, on obéit au règlement pour ne pas griller un feu rouge ou ne pas avoir de pénalité sur nos impôts. La désobéissance dans toutes ces situations est le symptôme d'une socialisation difficile. L'âge du « non », en fin de deuxième année révèle le plaisir d'une affirmation de soi bien

1. Léon Beauvois, conseiller scientifique pour le documentaire de Nick C., Bornot T., Amado G., Blanc A.-M., *Le Jeu de la mort*, France Télévisions et Radio-Télévision Suisse, 2009.

plus qu'une rébellion[1] et l'opposition fréquente des adolescents témoigne de leur désir d'indépendance, preuve d'un bon développement.

L'interdit est nécessaire pour une bonne socialisation. C'est une structure affective qui nous permet de contrôler nos pulsions. Le simple fait de ne pas tout se permettre donne une place à l'autre et nous aide à vivre ensemble sans violence. Les énoncés auxquels il est moral d'obéir sont différents selon les cultures. Quand, à l'époque de *Sapiens*, nous vivions en groupe de quarante à cinquante personnes, il suffisait d'obéir à un vieux sage ou à une vieille âgée de 30 ans pour que le groupe se coordonne. Quand la civilisation s'est complexifiée, les énoncés sont devenus puissants. Le pape Urbain II, en 1095, prononce l'appel de Clermont qui a déclenché la première croisade pour récupérer le tombeau du Christ volé par les Arabes. Quand les aristocrates, pendant plus de mille ans, ont cherché à s'emparer des terres du rival, ils ont fait de la fidélité un argument moral afin de soumettre durablement les vassaux au chef. Quand la patrie a été en danger en 1792, il a été exaltant d'obéir à la Révolution et de faire à Valmy le premier grand massacre d'une armée populaire. Aujourd'hui, c'est la science qui fournit une source importante d'énoncés

1. Pedinielli J.-L., « Non », *in* D. Houzel, M. Emmanuelli, F. Moggio (dir.), *Dictionnaire de psychopathologie de l'enfant et de l'adolescent*, *op. cit.*, p. 456.

auxquels il faut obéir pour se protéger et structurer la société[1].

Quand Hannah Arendt parle de la « banalité du mal » et que Stanley Milgram confirme expérimentalement cette locution, peut-être soulignent-ils simplement l'importance de l'obéissance dans la fonction sociale ? Avons-nous tort de chercher à l'intérieur de l'individu les qualités nécessaires à l'obéissance ou les mérites de la désobéissance quand l'énoncé est diabolique ? De toute façon, la majorité obéira. C'est dans l'énoncé socioculturel extérieur au sujet qu'il faut chercher la source du Bien autant que celle du Mal. Pendant la Seconde Guerre mondiale, des villages entiers ne se sont pas soumis à la doxa antisémite qui gouvernait la France de Vichy. Des populations de plusieurs milliers d'habitants ont logé, nourri et protégé des milliers de Juifs qui fuyaient les persécutions nazies. Les habitants du Chambon-sur-Lignon en Haute-Loire, de Dieulefit dans la Drôme ou de Moissac dans le Tarn n'ont pas dénoncé un seul Juif, alors qu'à Paris ou dans les grandes villes la dénonciation était une vertu qui allait purifier la France. Un phénomène analogue se passe aujourd'hui quand on constate que les hospitalisations forcées de malades

1. Bègue L., Verizian K., « Sacrificing animals in the name of scientific authority : The relationship between pro-scientific mindset and the lethal use of animals in biomedical experimentation », *Personality and Social Psychology Bulletin*, 2021, doi.org/10.1177/01461672211039413.

mentaux dangereux ont lieu principalement dans les grandes villes. Dans les villages, quand on est allé à l'école avec le malade agité, on en a moins peur, on entre en communication réelle avec lui, on échappe à la doxa. Clara Malraux et Edgar Morin ont été protégés à Pechbonnieu en Haute-Garonne avant de rejoindre la Résistance active. À Moissac, c'est au vu et au su de toute la population que les enfants juifs allaient à l'école en rang en sortant des institutions juives qui les éduquaient en pleine guerre. À Dieulefit, où la population avait élu un maire pétainiste, dès que les rencontres avec les Juifs ont été quotidiennes, la récitation antisémite et les lois antijuives de Pétain n'ont eu aucun effet. La banalité du bien dans ces villages s'opposait-elle à la banalité du mal dans les grandes villes[1] ? Dans un village où le héros s'appelle « Monsieur et madame Tout-le-monde », on s'aime, on se dispute avec lui, dans le réel[2]. Alors que dans une situation de surpopulation, on ne peut pas connaître sensoriellement tous ses voisins, on ne peut que les imaginer. Dans ce cas c'est la représentation du réel qui gouverne les sentiments, alors la doxa prend le pouvoir.

Les héros sauveteurs, les Justes, sont-ils faits de l'étoffe du Bien et les salauds dénonciateurs de

1. Rochat F., Modigliani A., « The ordinary quality of resistance : From Milgram's laboratory to the village of Le Chambon », *Journal of Social Issues*, 1995, 51 (3), p. 195-210.
2. Portheret V., *Vous n'aurez pas les enfants*, Paris, XO Éditions, 2020 (à propos du sauvetage des enfants juifs à Vénissieux).

l'étoffe du Mal ? Ou bien sont-ils baignés dans des récits différents auxquels la majorité ne demande qu'à croire ? Au Chambon, les habitants ont-ils désobéi au nazisme ou ont-ils été séduits par deux personnalités majeures qu'ils avaient besoin d'admirer ? Les pasteurs André Trocmé et Édouard Theis, dès 1940, ont provoqué l'estime des habitants, qui ont suivi ces prêtres. Cinq mille réfugiés, dont trois mille cinq cents Juifs, ont été accueillis et protégés dans ce village. Les habitants n'étaient pas des résistants armés, mais des gens qui, dans une situation sociale vulnérabilisante, ont été revalorisés par deux pasteurs admirés. Des énoncés ont donné une forme verbale à un sentiment qu'ils ressentent profondément. Quand un antisémite dit : « Auschwitz n'a jamais existé, c'est une invention des Juifs pour faire leur trafic d'or », est-il vraiment antisémite ou s'est-il simplement soumis à une représentation verbale qui lui a donné l'impression que, lui, on ne peut pas le tromper ? « On ne me la fait pas à moi… j'ai dépisté le complot. » J'ai entendu cette phrase prononcée par un jeune professeur de psychiatrie qui me voulait du bien en me faisant visiter sa ville. Ce jeune universitaire sympathique n'était pas antisémite, mais il avait aimé se laisser embarquer par une phrase toute faite, un récit sans racines, une affirmation catégorique qui lui donnait du monde une vision claire. « Mettre en mots une compréhension subite[1] » évite le travail de la pensée et donne une illusion de compréhension, comme une révélation soudaine. C'est tout bénef, c'est rapide, sans effort, mais c'est une évidence délirante, comme celle du psychotique qui affirme : « Il faut être fou pour ne pas voir que je suis l'empereur Napoléon. » Eichmann ne fait qu'obéir aux ordres du chef qui lui permettent de réaliser ses rêves d'extermination des Juifs. Mais d'où viennent ses rêves ? D'un tailleur juif qui lui a fait payer trop cher un costume de mauvaise qualité ? D'un film où l'on voit un Juif aux doigts crochus s'emparer d'un globe terrestre ? Ou d'un simple racontar qui alimente le plaisir d'avoir un ennemi à haïr ? Pour qu'un tel récit flottant s'installe dans l'âme d'Eichmann, il a fallu qu'il satisfasse son désir d'être un fonctionnaire persécuteur. Pour que le cultivé et poli docteur Mengele réalise en souriant des expériences d'une incroyable cruauté sur des petites filles, il a fallu qu'il se soumette à des représentations indiscutables. Quand il les torture, il ne perçoit pas des fillettes inoffensives, il n'habite que sa représentation d'enfants juifs « qui ne sont pas de vrais êtres humains ».

Cette discordance entre un monde de perceptions affadies et de représentations toutes-puissantes peut

1. Darley J., « Social organization for the production of evil », *Psychological Inquiry*, 1992, 3 (2), p. 199-218.

s'expliquer par les découvertes récentes de la neuro-imagerie où chaque cerveau, sculpté par son milieu, donne à voir un monde différent. Le XXe siècle a été celui de deux guerres mondiales, des génocides arménien, juif, cambodgien, rwandais et d'innombrables massacres ethniques en Yougoslavie, au Proche-Orient, sans compter les guerres civiles et les tueries idéologiques et religieuses. Ces incroyables carnages surviennent en plein siècle de progrès scientifique et de respect des droits de l'homme. Deux pulsions contraires, la merveille et l'horreur, animent un même sujet. Il est difficile d'expliquer logiquement pourquoi le nazisme s'est si bien développé dans le peuple le plus cultivé d'Occident, pourquoi les Tutsis ont été massacrés par leurs aimables voisins, et pourquoi 90 % des hommes du 101e bataillon de réserve de la police allemande, bien éduqués et bien diplômés, sont devenus des tueurs en série d'enfants. Ils ont abattu trente-huit mille personnes, alors qu'à peine 10 % d'entre eux ont osé profiter du droit qui leur était donné de ne pas tuer[1].

1. Browning C. R., *Des hommes ordinaires. Le 101e bataillon de réserve de la police allemande et la solution finale en Pologne*, Paris, Les Belles Lettres, 1994.

Glaciation affective

Itzhak Fried analyse ce phénomène collectif comme un tableau clinique qu'il a nommé « Syndrome E[1] » :

- Une idéation obsessive accusant une minorité s'empare de l'esprit d'individus unis par une croyance.
- Une certitude partagée n'a pas besoin de preuves pour déclencher une violence sans frein.
- Au moment de la tuerie, on note une anesthésie affective, alors qu'on s'attendait à une fureur mortifère.
- Les gestes de mise à mort se répètent comme un automatisme.
- Toutes les capacités intellectuelles, intelligence, mémoire, paroles, raisonnements logiques, sont maintenues.
- Comme dans les dysharmonies évolutives, on note, chez une même personne, l'association de capacités matures avec des régressions affectives et comportementales.

Au cours du développement d'un enfant, la dysharmonie est habituelle car toutes les capacités n'évoluent pas à la même vitesse. Dans le syndrome E, il s'agit d'adultes épanouis chez qui, soudain, un compartiment

1. Fried I., « Syndrome E : Cognitive fracture in our midst », *in* I. Fried, A. Berthoz, G. M. Mirdal (dir.), *The Brains that Pull the Triggers : Syndrome E*, Paris, Odile Jacob, 2021.

de la personnalité régresse et devient immature. Les évolutions biologiques, affectives, psychologiques et socioculturelles ne sont jamais linéaires, elles se font par petits sauts ou après des catastrophes. Dans le cas du syndrome E, c'est un choc extérieur, une peur collective, un danger réel ou imaginé, la propagation d'une croyance qui impactent les personnes qui composent ce groupe : « La segmentation en mosaïque de personnalités est une organisation [...] fluctuante, soumise aux influences de l'entourage[1]. » Ce trouble momentané de la personnalité est provoqué par l'impact d'une croyance collective où chaque individu troublé entraîne le trouble de son voisin. La contagion s'arrête quand la personne s'isole de sa collectivité. Le Hutu qui a « machetté » en groupe, coupé des bras en série de 9 heures du matin à 17 heures[2], rentre chez lui, prend une douche et s'occupe de ses enfants. Le gardien SS qui, sans émotion, a abattu des dizaines de déportés qui ne marchaient pas assez vite lors de l'évacuation d'Auschwitz, écoute, le soir à la veillée, un jeune Juif de 14 ans chanter des chansons populaires. Il applaudit et le remercie chaleureusement de ce bon moment passé ensemble.

Au moment de la glaciation affective et de l'automatisme tueur, le clinicien note souvent une sensation d'élation, comme une montée vers le ciel. Une telle

1. Mille C., « Dysharmonie évolutive », *in* D. Houzel, M. Emmanuelli, F. Moggio (dir.), *Dictionnaire psychopathologique de l'enfant et de l'adolescent*, *op. cit.*, p. 211.
2. Hatzfeld J., *Une saison de machettes*, Paris, Seuil, 2003.

sensation n'est pas rare lors des extases mystiques où le sujet soudain a l'impression de décoller du sol[1]. Il donne une forme verbale à cette conscience soudaine et dit : « Je sens que Dieu m'appelle. » Dans ces situations d'expériences proches de la mort[2], le malade réanimé après un arrêt cardiaque raconte une sensation de décorporation, où il s'est vu dans un tunnel inondé de lumière, flottant à quelques mètres au-dessus de son propre corps. Ces expériences extrêmes sont spontanément curables quand l'alerte cérébrale, provoquée par une privation d'oxygène ou une giclée d'ocytocine, s'épuise d'elle-même après l'élimination des substances physiologiques. Mais, quand un système idéologique ou culturel enflamme les âmes et organise sans cesse des pogroms, des massacres, des ratonnades ou des génocides, ces pressions extérieures qui stimulent le cerveau pérennisent le tableau clinique du syndrome E.

Le terme « fracture cognitive[3] » rend compte de ce phénomène psychocérébral induit par des événements socioculturels. Quand un sujet est privé d'altérité parce qu'il a été isolé au cours de son développement,

1. Janet P., *De l'angoisse à l'extase. Études sur les croyances et les sentiments*, tome II : *Les Sentiments fondamentaux*, Paris, Félix Alcan, 1928 ; réédité par les soins de la Société Pierre Janet et du Laboratoire de psychologie pathologique de la Sorbonne, 1975, disponible sur BnF Gallica : https://gallica.bnf.fr/ark:/12148/bpt6k34112351/f15.item.
2. Le Maléfon P., « Sortie du corps et clinique de la situation traumatique, *Revue francophone du stress et du trauma*, 2010, 10, 2, p. 71-77.
3. Fried I., « Syndrome E : Cognitive fracture in our midst », art. cit., p. 22.

le cerveau, mal stimulé, dysfonctionne. La partie ventro-médiane et latérale du cortex orbito-frontal n'est plus excitée par les relations et les projets. N'ayant rien à mettre en mémoire à cause de la pauvreté du contexte, le système limbique est atrophié. Or le lobe préfrontal doit être activé par les interactions quotidiennes pour inhiber les réactions de l'amygdale rhinencéphalique, cette amande de neurones au fond des hémisphères qui est le socle neuronal des émotions insupportables de rage ou de mélancolie. Ce qui revient à dire qu'un jeune dont le cerveau s'est développé dans un contexte peu stimulant n'a pas acquis la capacité neurologique de maîtriser ses émotions. Comme il ne possède pas non plus la maîtrise verbale, puisqu'il s'est développé dans un milieu pauvre en mots, il manifeste à l'adolescence des troubles de la socialisation, il explose pour un rien[1].

À l'inverse, quand un milieu culturel surstimule le cortex préfrontal avec des récits affolants, des rencontres, des défilés et des musiques exaltantes, l'âme de chaque individu, dans cette foule, fonctionne en synchronie avec celle du voisin. Il n'y a pas d'étrangeté puisque tout est pareil. Le clonage des âmes provoque une telle sécurité qu'il « désactive l'amygdale, ce qui

1. Berthoz A., Thiriouy B., « Empathy, sympathy, hypotheses to better understand variable, and context. Dependant mental states in syndrome E », *in* I. Fried, A. Berthoz, G. M. Mirdal (dir.), *The Brains that Pull the Triggers : Syndrome E*, *op. cit.*, p. 193-196.

éteint l'affectivité et fait disparaître la peur[1] ». Le sujet ainsi façonné par une pression extérieure réagit comme un seul homme, comme une mécanique bien huilée qui marche au pas, applaudit sur commande, s'enthousiasme ou s'indigne et dit ce qu'il faut dire en récitant les mots d'un langage de perroquet. Ainsi fonctionne la langue totalitaire : l'ordre règne quand la pensée s'éteint, le psittacisme mène à la paix des cimetières.

Que l'amygdale soit enflammée par l'isolement sensoriel ou éteinte par une certitude tranquillisante, dans ces deux situations opposées, le cerveau ne connaît plus la rythmicité du jour et de la nuit, de l'activation et du repos, d'une idée et puis d'une autre qui éveille la conscience. Quand un sujet connaît la carence environnementale, il est soumis à ses pulsions, il ne peut pas s'empêcher de passer à l'acte et de donner ensuite une traduction verbale de son impulsion : « Je me défends contre la société pourrie... je hais le système... je sens que tout le monde me veut du mal. » Mais quand une personne n'est informée que par un seul récit, elle habite un monde monotone qui engourdit la pensée. Quand on ne peut ni comparer ni juger, on perd sa liberté intérieure.

La source du mal n'est pas dans le sujet, elle ruisselle à partir de l'affectivité du contexte et des récits

1. Fried I., « Syndrome E : Cognitive fracture in our midst », art. cit., p. 24.

culturels. Quand on pense comme tout le monde, on évite les conflits, quand on partage une même croyance on se sent apparenté, quand on récite ce que les autres récitent on éprouve un sentiment de force et de vérité. Il n'est pas nécessaire que ces narrations soient alimentées par le réel. Un récit sans racines, un conte, une légende peuvent faire l'affaire. Une utopie merveilleuse s'imprègne dans la mémoire qui nous gouverne à notre insu. Le diable s'installe en notre âme quand nous vivons dans un désert affectif. C'est un diable moteur qui nous force à agir sans réfléchir. C'est pourquoi nous nous sentons apaisés, renforcés et même euphorisés quand nous mettons à la place du diable un chef vénéré auquel nous nous soumettons. L'emprise est délicieuse, elle apporte tant de bénéfices ! « [...] le fait que le gouvernement totalitaire, malgré l'évidence de ses crimes, s'appuie sur un substrat de masses est profondément troublant [...] la population était remarquablement bien informée de tous les prétendus secrets (massacre des Juifs en Pologne, préparation de l'attaque contre la Russie) [...] cela n'a nullement affaibli le soutien général dont bénéficiait le régime hitlérien[1]. »

1. Arendt H., *Le Système totalitaire*, *op. cit.*

Liberté intérieure

Le choix est clair, mais il est douloureux. Ceux qui s'engagent sur le chemin de la liberté intérieure perdront leurs amis. Ils seront haïs par ceux qu'ils aiment, comme l'a été Hannah Arendt. Penser par soi-même, c'est s'isoler : l'angoisse est le prix de la liberté. Alors que ceux qui se soumettent à la parole d'un tyran adoré connaîtront un sentiment de sécurité (tous ensemble), un sentiment d'égalité (tous pareils), une gaieté carnassière qui leur permettra de danser sur les charniers, comme l'ont fait les gardiens SS à Auschwitz, les égorgeurs de Pol Pot et les tribunaux d'adolescents chinois émerveillés par le Grand Timonier.

Par bonheur nous pouvons agir sur le milieu qui agit sur nous. Il suffit d'organiser autour des enfants un milieu sécurisant qui leur donnera le plaisir d'explorer. Nous leur proposerons plusieurs figures d'attachement pour leur apprendre à aimer de diverses manières. Nous ouvrirons leur esprit en leur apprenant plusieurs langues, plusieurs manières de penser et d'explorer diverses cultures.

Nous possédons les outils pour agir sur le réel qui agit sur nous. C'est un degré de liberté donc de responsabilité.

TABLE DES IDÉES

DU MÊME AUTEUR
CHEZ ODILE JACOB

Des âmes et des saisons, 2021.

Chérif Mécheri. Préfet courage sous le gouvernement de Vichy (avec José Lenzini), 2021.

France-Algérie. Résilience et réconciliation en Méditerranée (avec Boualem Sansal), 2020.

Sport et résilience (dir. avec Philippe Bouhours), 2019.

Préparer les petits à la maternelle (dir.), 2019.

La nuit, j'écrirai des soleils, 2019.

Histoire de la folie avant la psychiatrie (dir. avec Patrick Lemoine), 2018.

Psychothérapie de Dieu, 2017.

La Folle Histoire des idées folles en psychiatrie (dir. avec Patrick Lemoine), 2016.

Ivres paradis, bonheurs héroïques, 2016.

Les âmes blessées, 2014.

Résilience. De la recherche à la pratique (dir. avec Marie Anaut), 2014.

Résilience et personnes âgées (dir. avec Louis Ploton), 2014.

Sauve-toi, la vie t'appelle, 2012.

Résilience. Connaissances de base (dir. avec Gérard Jorland), 2012.

Quand un enfant se donne « la mort ». Attachement et sociétés, 2011.

Famille et résilience (dir. avec Michel Delage), 2010.

Mourir de dire. La honte, 2010.

Je me souviens…, « Poches Odile Jacob », 2010.

Autobiographie d'un épouvantail, 2008.

École et résilience (dir. avec Jean-Pierre Pourtois), 2007.

Psychanalyse et résilience (dir. avec Philippe Duval), 2006.

De chair et d'âme, 2006.

Parler d'amour au bord du gouffre, 2004.

Le Murmure des fantômes, 2003.

Les Vilains Petits Canards, 2001.

Un merveilleux malheur, 1999.

L'Ensorcellement du monde, 1997.

De l'inceste (avec Françoise Héritier et Aldo Naouri), 1994.

Les Nourritures affectives, 1993.

Cet ouvrage a été composé
en Adobe Garamond Pro
par Nord Compo
à Villeneuve-d'Ascq (Nord).

Cet ouvrage a été imprimé sur du papier
dont les fibres de bois proviennent
de forêts durablement gérées

IMPRIM'VERT®

Cet ouvrage a été achevé d'imprimer
sur Roto-Page
par l'Imprimerie Floch à Mayenne
en juillet 2022

N° d'édition : 4150-0136-5 – N° d'impression : 100803
Dépôt légal : mars 2022

Imprimé en France